A 化!

Teams Premium

徹底活用術

AIを実装したTeams Premiumで
よりスマートで安全な
会議やウェビナーを実現!

著者 天野 貴之／清水 香里

はじめに

今や多くのビジネス・教育・コミュニケーション環境で必要不可欠となっているMicrosoft社のクラウド サービスである「Microsoft Teams」。本書は、チームワークのハブとなる、このTeamsの最新機能について改めて解説しています。

Teamsは日々進化を遂げています。現在、通常版の「Teams」と、アドオンライセンスである「Teams Premium」が存在します。これらの違いは何なのか。特に、Teams Premiumがもたらす新機能は、組織にとってどれだけ有用なのか。本書はこれらの疑問を解消し、最新版のTeams、Teams Premiumを徹底的に活用できるノウハウを提供します。

本書の中では、まず、Teamsについて簡単に振り返ります。新しいチャネルエクスペリエンスや新しいTeamsデスクトップクライアントも含めて、比較的新しい機能の概要を解説します。

そして、アドオン ライセンスであるTeams Premiumの各機能について、利用者視点で具体的に解説します。

操作方法を解説することに加えて、Teams Premiumを使う目的やメリット、利用シーンなどを理解し、それに基づいて最適な利用方法が選択できるようになることを目指します。ただツールを使うだけでなく、その本質的な価値を引き出すことが可能になります。

具体的には、Teams Premiumの概要とライセンス、会議テンプレートの利用、会議のテーマ、カスタム会議背景、グリーンルーム(控室)の設置、会議の言語を翻訳して字幕表示、カスタムTogetherモードのシーンの作成、PowerPoint Liveチャプター、インテリジェントな会議の要約など、AIも活用して、ユーザー体験を一層豊かにする機能を掘り下げていきます。安全性やプライバシーを保つための機能については、画面に透かしを入れて情報漏えいを抑止したり、エンドツーエンドの暗号化を有効にしたり、といった方法を説明します。

また、Teamsを使ったバーチャル面談やウェビナーについても解説します。初期設定から計画、実施、その後の分析やレポートまでの一連の流れを理解し、組織のニーズに最適な方法を選択できるようになります。特に、Teams Premiumがあれば、より一層実務で活用できることを確認します。

Teams Premiumを導入することで、素晴らしいTeamsを体験し、ウェルビーイングを高めていただくことを期待します。

本書は、新しいTeamsの画面を掲載するようにしています。ただし、本書執筆時点で、新しいTeamsが対応していなかった機能が含まれる場合は、従来のTeamsの画面を採用しています。Teamsはアップデートされることが多いため、本書で紹介している画面と異なる場合があること、あるいはさらに新しい機能が追加されたり、それに伴って古い機能が変更・削除されたりする可能性があること、また、本書で紹介しているWebページのURLなどが変更されている可能性があることをご理解いただければ幸いです。

CONTENTS

第4章 AI搭載の会議で仕事をスマートに 95

第5章 秘密情報を安全に守る 119

第6章 バーチャル面談を実現 143

第7章 質の高いウェビナーを実現 179

第 1 章

Microsoft Teamsの概要

1-1 Microsoft Teamsとは

Microsoft Teamsとは、Microsoft社が提供するクラウドサービスでチームワークのハブとなります。このプラットフォームは、チームのコミュニケーションと協力を助ける多機能なツールです。リアルタイムの会話、ファイル共有、オンライン会議、さらには組織内でのコラボレーションをサポートします。また、Microsoft 365とシームレスに統合され、ユーザーがWord、Excel、PowerPointなどのツールを直接利用できるようにしています。

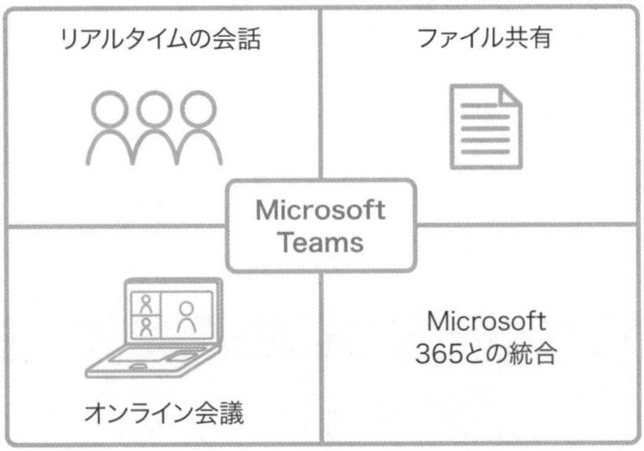

Microsoft Teamsのメリットとしては、コミュニケーションの効率化が挙げられます。リアルタイムの会話機能を使用することで、メールに加えて、さらに迅速かつ効率的に情報を共有することが可能です。また、オンライン会議の機能を使って、遠隔地にいるメンバーとも簡単にコミュニケーションを取ることができます。

（出典：日本マイクロソフト、https://www.microsoft.com/ja-jp/microsoft-teams/online-meetings）

Teamsには、ファイル共有機能があります。これにより、日常業務やプロジェクトの進行で必要なファイルを一元管理し、メンバー同士での編集をスムーズに行うことができます。

さらに、Microsoft Teamsはモバイルデバイスにも対応しており、外出先からでも情報にアクセスすることが可能です。場所にとらわれずに作業を進めることが可能です。

Microsoft Teamsの利用シーンとして、リモートワークやテレワークでのコミュニケーションに最適です。また、大規模なプロジェクトの管理、遠隔地にいるチームメンバーとのコラボレーション、学校や教育機関でのオンライン授業など、多様なシーンで活用されています。

ここからは、Microsoft Teamsをご利用いただいていない方のために、以下のカテゴリー別に全体像を説明しましょう。

- チーム
- チャネル
- ファイル共有
- オンライン会議
- チャット
- Teams電話
- Teams Rooms/Surface Hub
- Teams Platform/Power Platform for Teams/Microsoft Dataverse for Teams

チーム

Microsoft Teamsでは、チームという単位でワークスペースを作成し、関連するメンバーと一緒に作業を進めることができます。チームは組織、部署、プロジェクトグループ、またはコラボレーションに必要な特定のメンバーによって構成されることが多くあります。

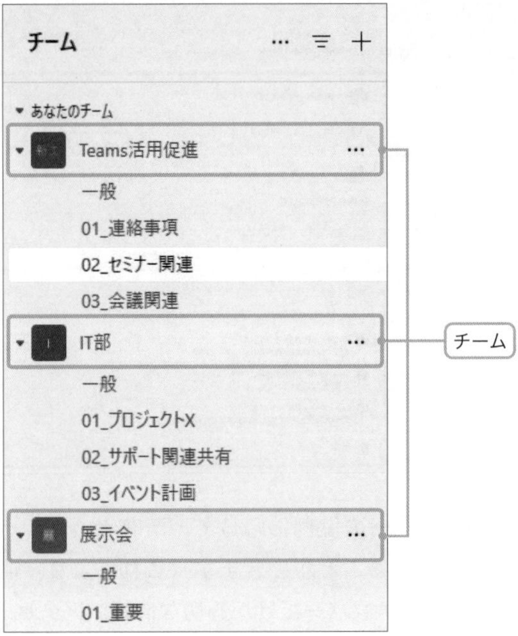

チーム内では、メンバーが共通のワークスペースで共同作業を行うことができます。これにより、情報の共有やアイデアの交換、問題の解決といったタスクが効率的に行えます。また、チームごとに専用のファイルストレージ、ノート、サイトなどが自動的に作成され、必要なリソースにすぐにアクセスできます。

チームのメリットとして、情報の一元化が挙げられます。プロジェクト関連の情報がチームのワークスペース内に集約されるため、情報の探しやすさやアクセスの便利さが大幅に向上します。また、全てのメンバーがリアルタイムに情報を共有できるため、作業の進行状況や課題を把握しやすくなります。

また、Teamsはメンバーの役割に応じて、所有者、メンバー、ゲストというアクセス権を設定することができます。これにより、情報のセキュリティを保ちつつ、必要なメンバーだけが適切な情報にアクセスできるようになります。

チームの利用シーンとしては、特定のプロジェクトや業務に関連するメンバーが、情報を共有し協力して作業を進める状況が考えられます。また、部署や組織単位での内部コミュニケーション、リモートワーク環境での情報共有といったシーンでも有効です。

チャネル

チャネルとは、Microsoft Teamsのチーム内で区分けされた同種の会話を行う協働の領域のことです。チーム内で特定の話題やプロジェクトを扱うために作成されます。例えば、「マーケティング」「プロジェクトX」「イベント計画」などの具体的なテーマごとにチャネルを作成し、関連する会話やファイルを管理します。

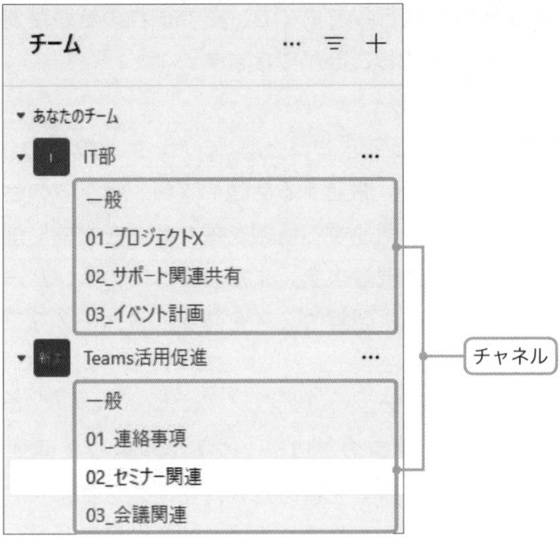

チャネルの機能としては、文字情報や画像などによるリアルタイムの会話が中心となります。メンバー間で情報の共有、議論、アイデアの出し合いがスムーズに行えます。また、チャネル内で直接オンラインミーティングを開催することも可能です。

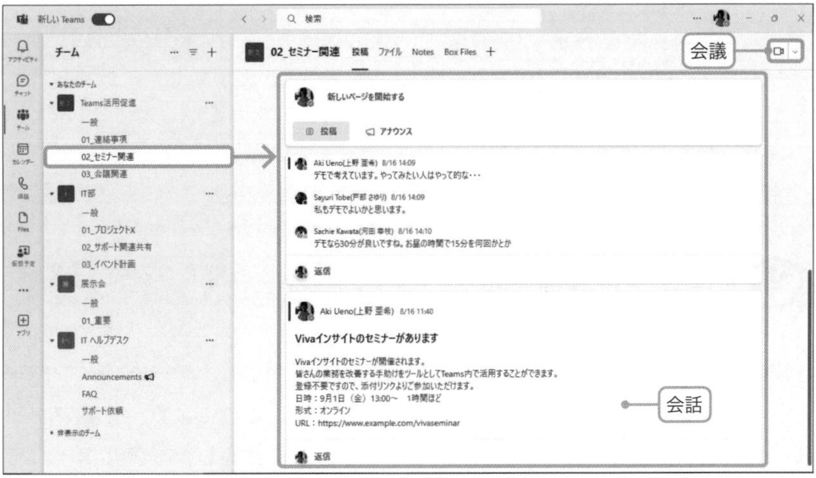

さらに、チャネルにはスレッド機能があります。特定の話題に対して返信をしていくことで、話題ごとに会話をまとめることができます。これによ

り、複数の話題が同時に進行していても、それぞれの話題が混在することなく、スムーズに議論を進めることができます。

チャネルのメリットとして、コミュニケーションの集中化があります。チャネルを使用することで、関連する話題やプロジェクトの会話を一箇所にまとめることができます。関連する情報を探す時間を大幅に削減し、効率的なコミュニケーションを実現します。また、すべてのメンバーがリアルタイムに情報を共有できるため、誤解やミスを防ぎ、スムーズなプロジェクト推進を可能にします。

利用シーンとしては、特定のプロジェクトやタスクに関連するメンバーが、情報を共有し協力して作業を進める状況が考えられます。また、部署内の特定の話題について議論したり、社内イベントの計画など、特定のテーマに集中したコミュニケーションを行ったりする場合にも有効です。

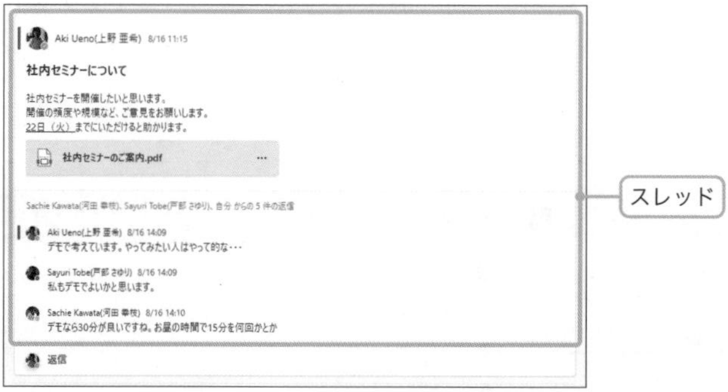
Aki Ueno(上野 亜希) 8/16 11:15
社内セミナーについて
社内セミナーを開催したいと思います。
開催の頻度や規模など、ご意見をお願いします。
22日（火）までにいただけると助かります。
社内セミナーのご案内.pdf
Sachie Kawata(河田 幸枝)、Sayuri Tobe(戸部 さゆり)、自分 からの 5 件の返信
Aki Ueno(上野 亜希) 8/16 14:09
デモで考えています。やってみたい人はやって的な…
Sayuri Tobe(戸部 さゆり) 8/16 14:09
私もデモでよいかと思います。
Sachie Kawata(河田 幸枝) 8/16 14:10
デモなら30分が良いですね。お昼の時間で15分を何回かとか
返信
スレッド

ファイル共有

Microsoft Teamsでは、ファイル共有機能を使用して、チームのメンバーとドキュメントを簡単に共有することができます。これにより、作業ファイル、報告書、プレゼンテーション資料などを即座に共有し、リアルタイムでの編集やレビューを行うことができます。

ファイル共有のメリットとして、情報の透明性とアクセス性が向上する点が挙げられます。共有したファイルはチームメンバー全員がアクセス可能となり、最新の情報やデータに全員がリアルタイムでアクセスできるため、情報の偏りが解消されます。

また、Microsoft TeamsはMicrosoft 365とシームレスに連携しており、共有されたWord、Excel、PowerPointなどのファイルはそれぞれのアプリケーションで直接編集できます。さらに、これらの編集はリアルタイムで他のメンバーと共有され、共同作業をスムーズに進めることができます。

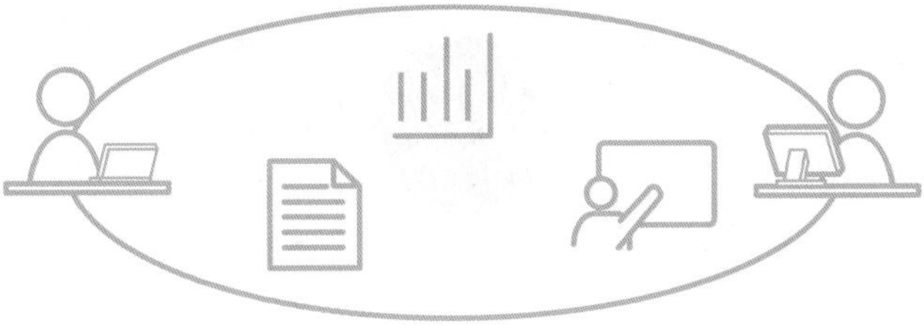

ファイル共有の利用シーンとしては、プロジェクトの遂行に必要なドキュメントの共有、共同で文書を作成または編集する作業、リアルタイムでのデータ分析と共有などが考えられます。また、教育の現場では、教材の共有や学生間でのグループ作業にも利用できます。

オンライン会議

Microsoft Teamsのオンライン会議は、個別のチャット機能を含んだ会議から大規模なライブイベントまで、あらゆる規模のミーティングを支える機能です。オンライン会議は、画面共有、音声・ビデオ通話など、リアルタイムでのコミュニケーションを可能にします。

オンライン会議のメリットとして、場所や時間にとらわれずにコミュニケーションが可能な点が挙げられます。これにより、リモートで働くメンバーや異なる地域・時間帯にいるメンバーとも円滑にコミュニケーションを取ることができます。また、ミーティングの開始時間や終了時間を厳密に管理することも可能です。

さらに、Microsoft Teamsのオンライン会議では、ミーティング中に画面を共有したり、ホワイトボード機能を利用してアイデアを視覚的に表現したりすることもできます。会話だけでなく、視覚的な情報も共有でき、より深い理解と効果的なコミュニケーションを促します。

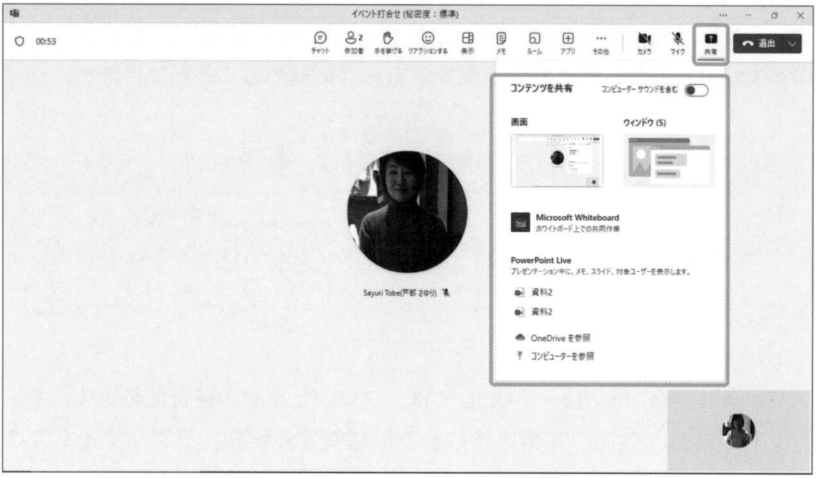

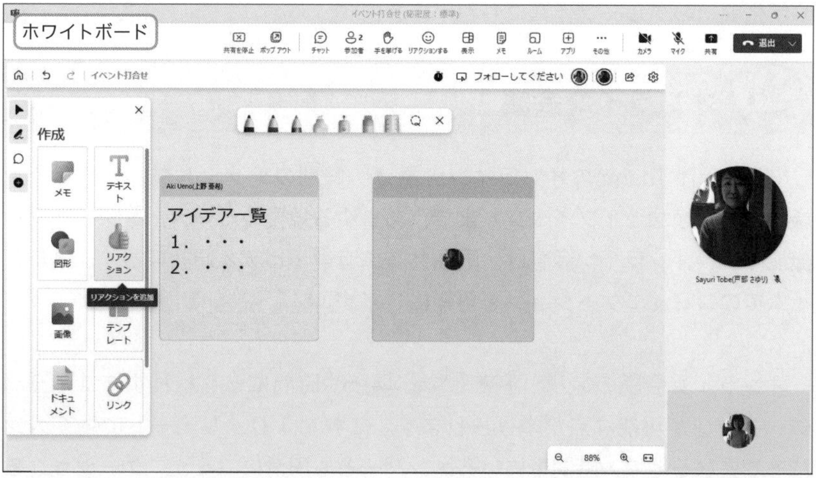

オンライン会議の利用シーンとしては、リモートでのチームミーティング、顧客やパートナーとのビジネスミーティング、大規模なプレゼンテーションやセミナー、学校や教育機関でのオンライン授業など、さまざまなシーンで活用されています。

アプリ連携

Microsoft Teamsでは、Microsoft 365だけでなく、外部のアプリケーションとの連携が可能です。これにより、チーム内で使用しているさまざまなツールやサービスを一元的に管理し、効率的に作業を行うことができます。

Microsoft Teamsは、Microsoft 365と深く統合されており、Outlook、Word、Excel、PowerPoint、SharePoint、OneNote、Forms、Plannerなどのアプリケーションを直接Teams内で利用することが可能です。例えば、共有されたファイルのリアルタイム編集、カレンダーからの会議の計画、メールとのシームレスな連携などが可能です。

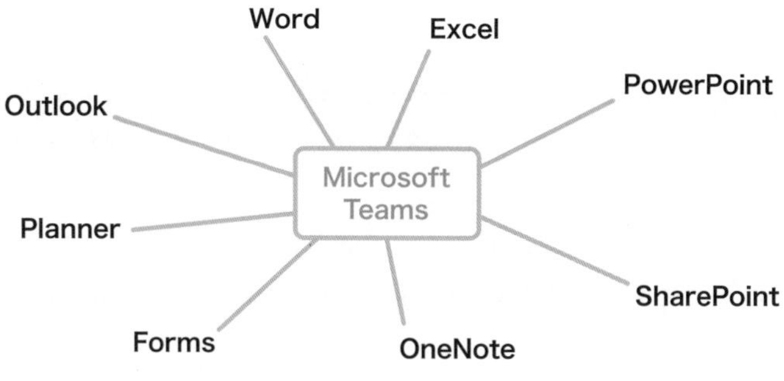

また、Teamsは多くのサードパーティアプリケーションとも連携できます。これにより、プロジェクト管理ツール、CRM、データ分析ツールなど、特定の作業に特化したアプリケーションをTeams内で直接使用できます。

アプリ連携のメリットとしては、作業の効率性が向上する点が挙げられます。必要なツールや情報に切り替えることなくアクセスできるため、作業の流れをスムーズにし、時間を節約することができます。

アプリ連携の利用シーンとしては、プロジェクト管理、販売・マーケティング活動、データ分析、内部報告など、さまざまな業務プロセスで活用されています。

チャット

チャットはリアルタイムに情報をやり取りする手段であり、私たちが瞬時に情報を共有し、コミュニケーションを図るためのツールです。Microsoft Teamsでは、このチャット機能が大変強化されており、ユーザーは自由に情報をやり取りできます。

チャット機能の利点は、何と言ってもそのスピード感です。Teams のチャット機能では、メッセージの送受信が、1対1のチャットだけでなく、複数人を含むグループチャットも可能です。これにより、プロジェクトチームなど特定のグループ内で情報を共有したり、議論を行ったりすることが容易になります。

リアルタイムに行われるため、すぐに返事が来るという点も大きなメリットです。また、一度に複数の人と情報を共有することも可能なため、一人一人にメールを送る必要がなく、効率的なコミュニケーションが可能です。

また、チャットは文字だけでなく、ファイルや画像、リンクなども共有できます。より具体的で詳細な情報を相手に伝えることが可能となります。

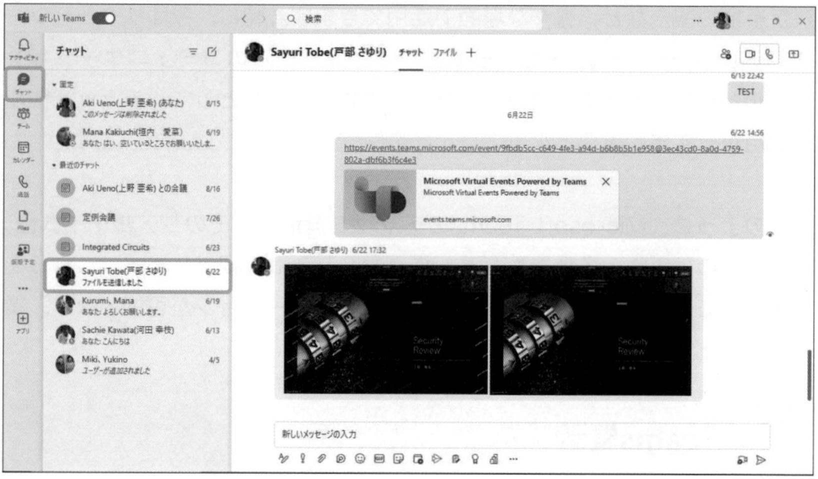

さらに、チャット中にすぐに音声通話やビデオ通話を開始することができます。これにより、より詳細な話し合いを行う場合や、対面での会議が必要な場合でも、その場で素早く対応することが可能です。

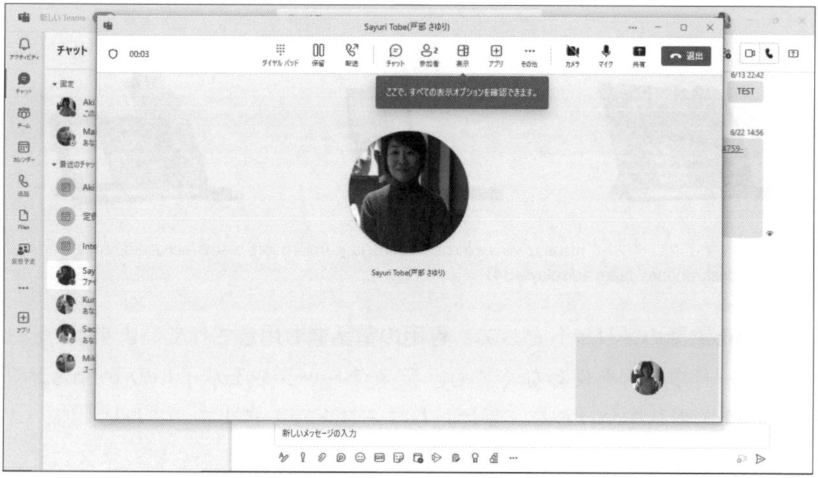

チャットの利用シーンとしては、通常はチャネルで会話をしているが、さらに少人数での分科会のようなやり取りや、まだチームが作成されていない段階での事前調整、あるいはチームのメンバー以外の人とのやりとりなど、日常的なコミュニケーションや急な打ち合わせのスケジュール調整、重要な

決定事項の報告など、様々な場面で活用できます。特に、今はリモートワークやテレワークが一般的となっており、メンバーとのコミュニケーションツールとして、また業務効率化のための重要なツールとして、チャット機能の活用がますます重要となっています。

このように、Microsoft Teamsのチャット機能は、そのリアルタイム性、情報共有の効率性、多機能性など、様々なメリットを提供します。これらを活用することで、より円滑で効率的なコミュニケーションが可能となり、業務の効率化や生産性の向上に役に立ちます。

Teams電話

Teams電話は、Microsoft Teamsに組み込まれたビジネス用の電話システムです。この機能により、一般的な電話機能をオンラインで利用することが可能になります。Teams電話を使用することで、内線、外線、電話会議、転送、保留、留守番電話などの機能を利用できます。

(出典：日本マイクロソフト、https://www.microsoft.com/ja-jp/microsoft-teams/across-devices/devices/category/desk-phones-teams-displays/34)

Teams電話のメリットとして、専用の電話機も用意されていますが、それらのハードウェアを使わなくても、デスクトップやモバイルのTeamsアプリから直接電話をかけたり、受けたりすることができます。これにより、オフィスでも自宅でも、あるいは移動中でも、あらゆる場所からビジネスコミュニケーションを行うことが可能になります。

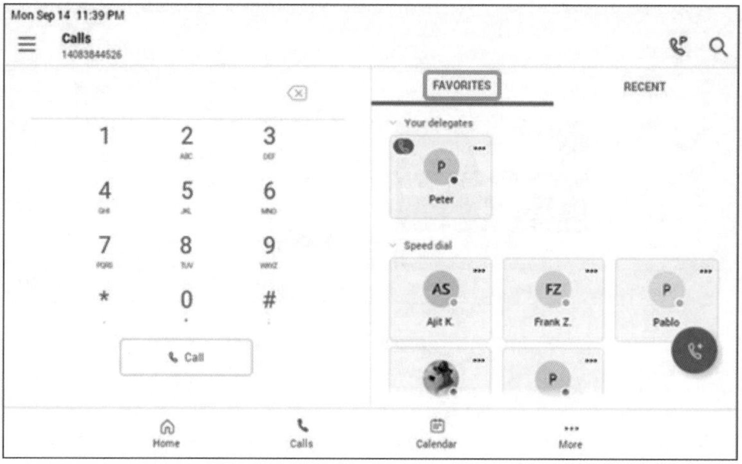

（出典：日本マイクロソフト、https://support.microsoft.com/ja-jp/office/microsoft-teams-%E9%9B%BB%E8%A9%B1%E3%81%AE%E6%A6%82%E8%A6%81-694ca17d-3ecf-40ca-b45e-d21b2c442412）

またTeams電話は、他のTeamsの機能とシームレスに連携します。

Teams電話の利用シーンとしては、内部のコミュニケーションはもちろん、顧客などの外部コミュニケーションにも利用されます。また、リモートで働く従業員や分散型のチーム間での連携にも有用です。

Teams Rooms/Surface Hub

Teams Roomsは、物理的な会議室をデジタルのワークスペースに統合するためのソリューションです。これにより、会議室に設置されたAV機器（ディスプレイ、カメラ、マイク等）を使用して、Microsoft Teamsのミーティングに参加することができます。

All of our collective experiences
make up how we come through
as VanArsdel.

（出典：日本マイクロソフト、https://www.microsoft.com/ja-jp/microsoft-teams/microsoft-teams-rooms）

Teams Roomsのメリットとして、リモートとオフィスで働くチームメンバーをシームレスにつなげることが可能な点が挙げられます。Teams Roomsを使用すれば、会議室の中にいる人々とリモートで働く人々が同じ体験を共有し、一緒に協働することが可能になります。

また、Teams Roomsは非常に使いやすく、簡単なタッチでミーティングに参加することができます。これにより、テクノロジーの難しさがコラボレーションを妨げることを防ぎます。さらに、Teams Roomsは会議の予定や出席者をリアルタイムで追跡し、次のミーティングの始まりをスムーズにします。

（出典：日本マイクロソフト、https://www.microsoft.com/ja-jp/microsoft-teams/microsoft-teams-rooms）

Teams Roomsの利用シーンとしては、物理的な会議室で行われるミーティング、リモート参加者とのミーティング、プレゼンテーション、ワークショップ、セミナーなど、さまざまな状況で活用されます。新機能も続々追加されています。

Teams Roomsは、OSとして、Windowsを使用しているタイプとAndroidを使用しているタイプがあります。

Surface Hubは、Microsoft社が開発した大型のタッチスクリーンディスプレイで、ビジネスシーンでのコラボレーションやプレゼンテーションに最適なデジタルホワイトボードです。Surface Hub 3は、Microsoft Teamsと連携し画面共有することで、複数拠点、遠隔地のメンバーと手軽に会議ができます。タッチスクリーン機能や、ペンによる画面への書き込み機能がついているため、商談やプレゼンテーションの際に視覚的にポイントを押さえた説明が可能になります。

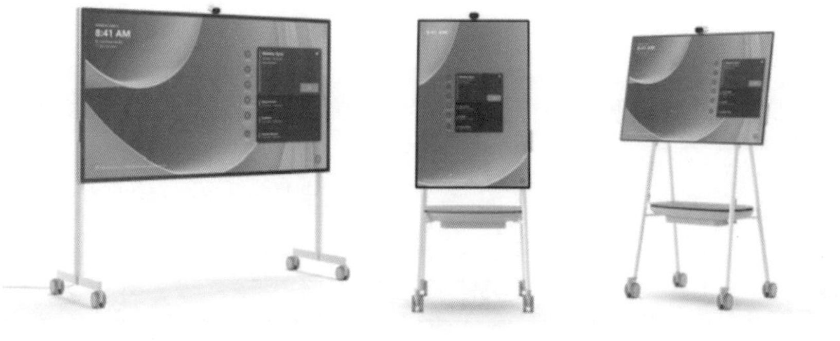

（出典：マイクロソフト、https://techcommunity.microsoft.com/t5/surface-it-pro-blog/surface-hub-3-bridging-workforce-collaboration-with-microsoft/ba-p/1669718）

Teams Platform/Power Platform for Teams/Microsoft Dataverse for Teams

最後に、「Teams Platform/Power Platform for Teams/Microsoft Dataverse for Teams」などのアプリケーションプラットフォームについて解説します。

Teams Platformは、組織がMicrosoft Teams内でカスタムアプリケーションやプロセスを作成し、組み込むことができるフレームワークです。開発者はTeams Platformを利用して、ユーザーが日々の作業を効率的に行えるよう、ボット、タブ、メッセージ拡張などのカスタム機能を作成できます。

Power PlatformはMicrosoft社のローコードプラットフォームですが、これらをTeams内で利用できるようにしたものがPower Platform for Teamsです。Power Apps、Power Automate、Power BI、Power Virtual AgentsをTeams内で使えます。これにより、ユーザーはコードを書かずにアプリケーションを作成したり、業務フローを自動化したり、データをビジュアル化したり、AIチャットボットを構築したりすることが可能になります。

Power Automate

Power Apps

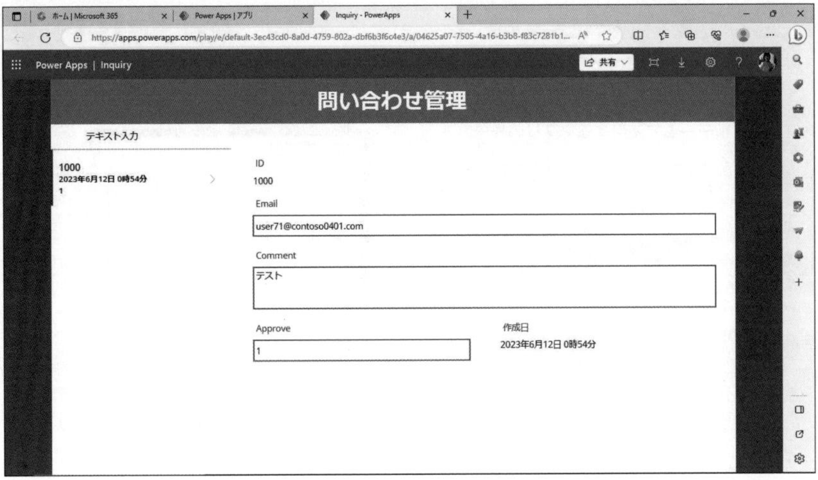

Microsoft Dataverse for Teamsは、チームがデータを容易に保管して管理し、共有できるようにするセキュアでスケーラブルなデータプラットフォームです。これにより、Power Platform for Teamsを使用して作成されたアプリケーションのデータを一元管理することが可能になります。

これらの機能のメリットとしては、ユーザーが自身のニーズに合わせてTeamsをカスタマイズし、効率化することが可能になる点です。これにより、日々の業務プロセスが大幅に改善され、生産性が向上します。

これらの機能の利用シーンとしては、日常的なタスクの自動化が必要な業務、独自の業務フローに合わせたアプリケーションの作成が必要なプロジェクト、データのビジュアル化が必要なミーティングなど、さまざまな場面で活用されています。

※本書執筆時点では、新しいTeamsでは提供されていないため、従来のTeams画面です。

Power Apps for Teams

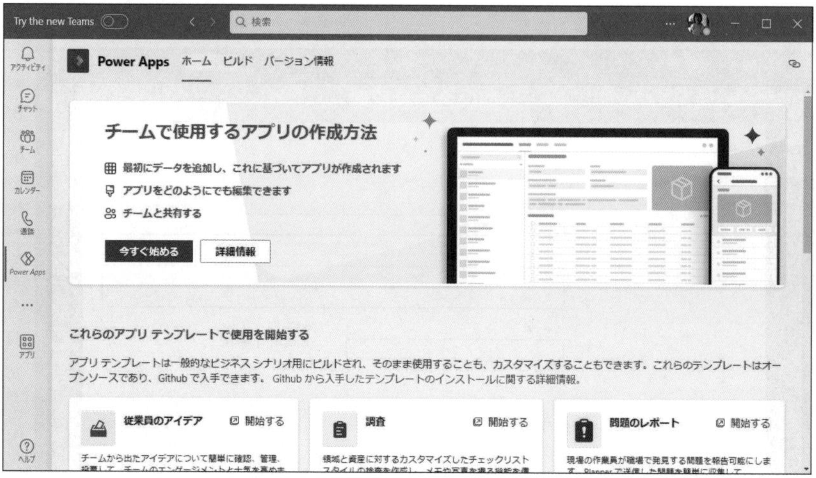

Power Automate for Teams

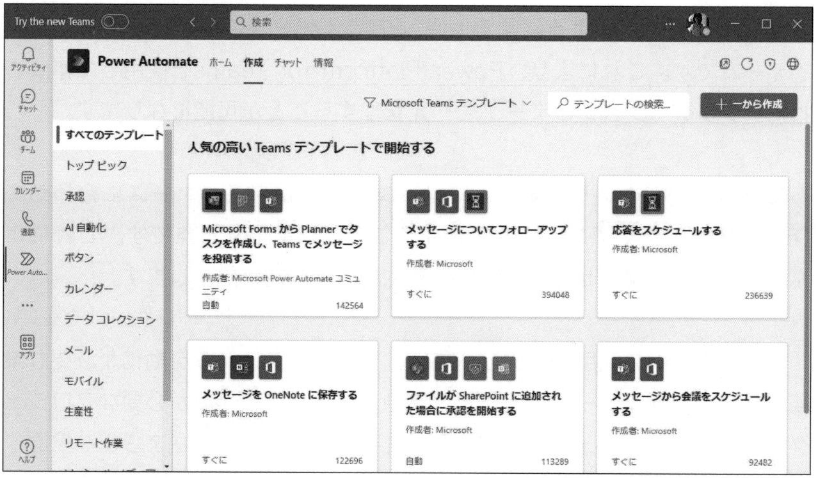

Power BI for Teams

Microsoft Teamsは、コミュニケーション、協働、効率化のための機能が豊富に備わっており、組織のニーズに応じてカスタマイズすることが可能です。これにより、リモートワークやオフィスワーク、またはそれらの混在環境でも、円滑なコミュニケーションと効率的な作業を実現することができます。

1-2 新しいチャネルエクスペリエンス

Microsoft Teamsのチャネルが変わっていることに気づいた方も多いことでしょう。ここでは、Channel 2.0とも呼ばれる新しいチャネルエクスペリエンスについて説明します。

投稿の並び順が上から順に

新しいチャネル画面の投稿の並び順は、新しい投稿が上から順に表示される仕組みとなっています。

具体的な投稿方法としては、[新しいページを開始する] または [投稿] ボタンをクリックしてタイトルと本文を入力し、書式を設定する場合は上部の書式バーを使用します。

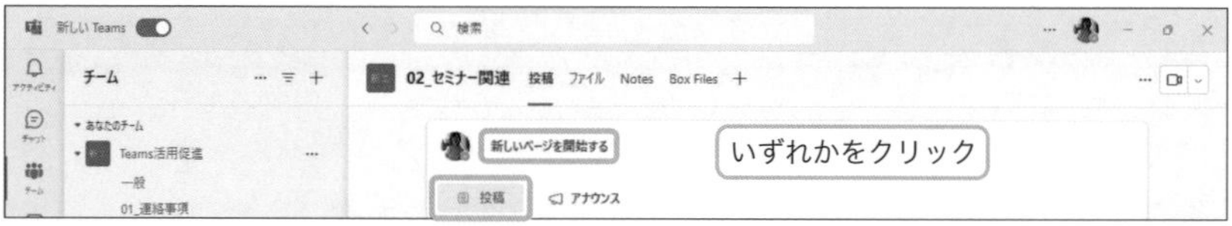

投稿にファイルを添付するには、ドラッグアンドドロップまたは添付ボタンを活用します。

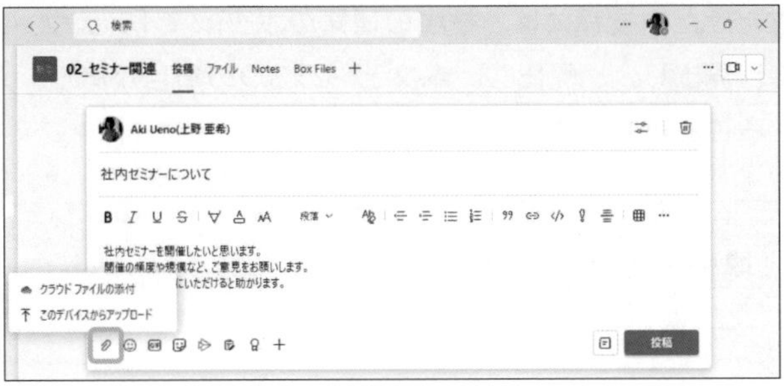

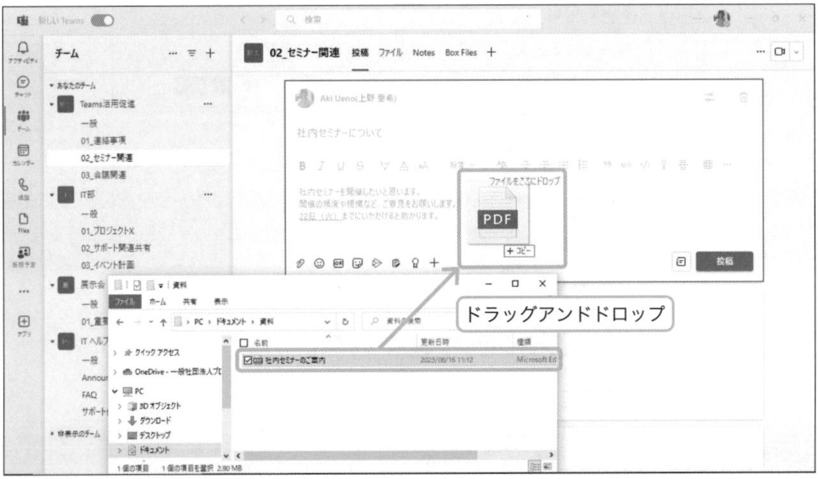

さらに、右上の［設定］ボタンからは返信を設定したり、投稿先を複数チャネルに設定したりすることが可能です。途中で投稿をやめたい場合は、投稿を削除するごみ箱アイコンをクリックすると中止できます。

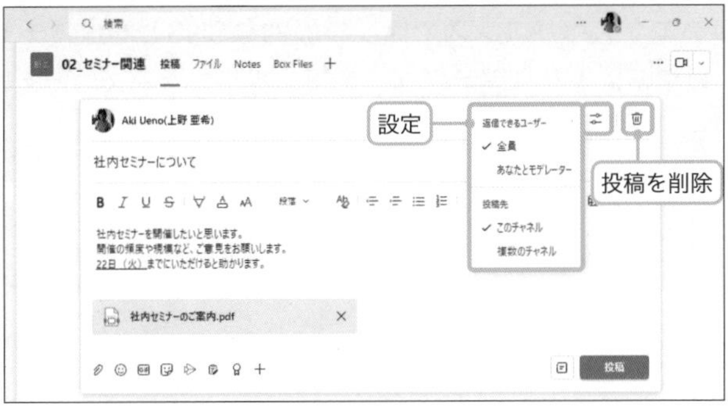

特に目立たせたい投稿には、投稿の種類のボタンで［アナウンス］を選択することで、見出し、小見出し、本文という3つの項目があり、大きな見出しで投稿することができます。

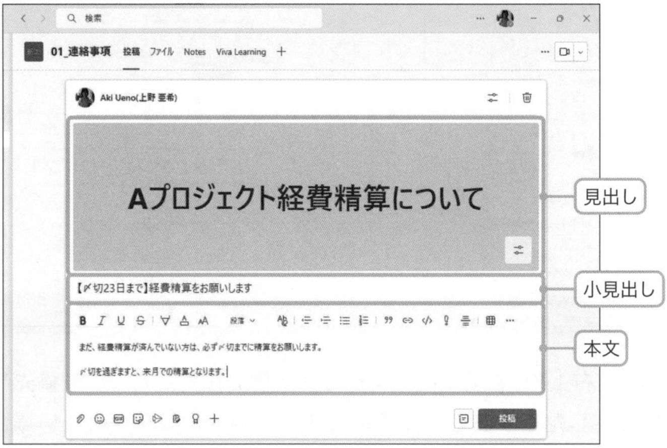

投稿への返信は［返信］ボタンから行います。これらの機能を活用することで、新しいエクスペリエンスでは、一般的なSNSと同様にチャネルの会話が新しい投稿順に上から表示され、情報共有がスムーズに行えます。

02_セミナー関連
投稿
ファイル
Notes
Box Files
新しいページを開始する
投稿
アナウンス
Vivaインサイトのセミナーが開催されます。
皆さんの業務を改善する手助けをツールとしてTeams内で活用することができます。
登録不要ですので、添付リンクよりご参加いただけます。
日時：9月1日（金）13:00～　1時間ほど
形式：オンライン
URL：https://www.example.com/vivaseminar
返信
Aki Ueno(上野 亜希) 11:15
社内セミナーについて
社内セミナーを開催したいと思います。
開催の頻度や規模など、ご意見をお願いします。
22日（火）までにいただけると助かります。
社内セミナーのご案内.pdf
返信
返信があると

02_セミナー関連
投稿
ファイル
Notes
Box Files
新しいページを開始する
投稿
アナウンス
Aki Ueno(上野 亜希) 11:15
社内セミナーについて
社内セミナーを開催したいと思います。
開催の頻度や規模など、ご意見をお願いします。
22日（火）までにいただけると助かります。
社内セミナーのご案内.pdf
Sayuri Tobe(戸部 さゆり) 11:47
開催頻度は、3か月に1度くらいを目安にするのはどうですか。
30分くらいだと参加しやすいように思います。
投稿は上に表示
返信
Aki Ueno(上野 亜希) 11:40
Vivaインサイトのセミナーがあります
Vivaインサイトのセミナーが開催されます。
新しい
古い

会話を「スレッドごと」に開く

長いスレッド、つまり多くの返信がある投稿は、「スレッドごと」に開くことで容易に確認することが可能です。

これまでのエクスペリエンスと同様、返信が増えるとその数が表示され、新しいチャネルのエクスペリエンスではスレッド全体を表示する画面に切り替わります。

検索
02_セミナー関連
投稿
ファイル
Notes
Box Files
新しいページを開始する
投稿
アナウンス
Aki Ueno(上野 亜希) 8/16 11:15
社内セミナーについて
社内セミナーを開催したいと思います。
開催の頻度や規模など、ご意見をお願いします。
22日（火）までにいただけると助かります。
社内セミナーのご案内.pdf
Sachie Kawata(河田 幸枝)、Sayuri Tobe(戸部 さゆり)、自分 からの 5 件の返信
クリックすると
Aki Ueno(上野 亜希) 8/16 14:09
デモで考えています。やってみたい人はやって的な・・・
Sayuri Tobe(戸部 さゆり) 8/16 14:09
私もデモでよいかと思います。
Sachie Kawata(河田 幸枝) 8/16 14:10
デモなら30分が良いですね。お昼の時間で15分を何回かとか
返信

検索
社内セミナーについて
02_セミナー関連
チャネルに移動
Aki Ueno(上野 亜希) 8/16 11:15
会話スレッドのみ表示
社内セミナーについて
社内セミナーを開催したいと思います。
開催の頻度や規模など、ご意見をお願いします。
22日（火）までにいただけると助かります。
社内セミナーのご案内.pdf
Sayuri Tobe(戸部 さゆり) 8/16 11:47
開催頻度は、3か月に1度くらいを目安にするのはどうですか。
30分くらいだと参加しやすいように思います。
Sachie Kawata(河田 幸枝) 8/16 14:08
新しい機能などを紹介するタイミングにして、特に決めないほうが良いと思います。
ハンズオンですか？
Aki Ueno(上野 亜希) 8/16 14:09
デモで考えています。やってみたい人はやって的な・・・
Sayuri Tobe(戸部 さゆり) 8/16 14:09
私もデモでよいかと思います。
返信

これにより、長く続いたスレッドの会話をスムーズに読み進め、キャッチアップすることができます。チャネルに戻る際には［チャネルに移動］ボタンをクリックします。

社内セミナーについて
02_セミナー関連
チャネルに移動
Aki Ueno(上野 亜希) 8/16 11:15
社内セミナーについて
社内セミナーを開催したいと思います。
開催の頻度や規模など、ご意見をお願いします。
22日（火）までにいただけると助かります。
社内セミナーのご案内.pdf
Sayuri Tobe(戸部 さゆり) 8/16 11:47
開催頻度は、3か月に1度くらいを目安にするのはどうですか。
30分くらいだと参加しやすいように思います。
Sachie Kawata(河田 幸枝) 8/16 14:08
新しい機能などを紹介するタイミングにして、特に決めないほうが良いと思います。
ハンズオンですか？
Aki Ueno(上野 亜希) 8/16 14:09
デモで考えています。やってみたい人はやって的な･･･
Sayuri Tobe(戸部 さゆり) 8/16 14:09
私もデモでよいかと思います。
返信

02_セミナー関連
投稿
ファイル
Notes
Box Files
新しいページを開始する
投稿
アナウンス
Aki Ueno(上野 亜希) 8/16 11:15
社内セミナーについて
社内セミナーを開催したいと思います。
開催の頻度や規模など、ご意見をお願いします。
22日（火）までにいただけると助かります。
社内セミナーのご案内.pdf
Sachie Kawata(河田 幸枝)、Sayuri Tobe(戸部 さゆり)、自分 からの 5 件の返信
Aki Ueno(上野 亜希) 8/16 14:09
デモで考えています。やってみたい人はやって的な･･･
Sayuri Tobe(戸部 さゆり) 8/16 14:09
私もデモでよいかと思います。
Sachie Kawata(河田 幸枝) 8/16 14:10
デモなら30分が良いですね。お昼の時間で15分を何回かとか
返信

「スレッドを別ウインドウで表示」する機能もあります。スレッド全体を表示する画面で、[チャネルに移動] の左側のボタンをクリックすると、スレッドをポップアップして別画面で表示することが可能です。

新しい Teams
検索
チーム
あなたのチーム
Teams活用促進
一般
01_連絡事項
02_セミナー関連
03_会議関連
IT部
一般
01_プロジェクトX
02_サポート関連
03_イベント計画
展示会
一般
01_重要
IT ヘルプデスク
一般
Announcements
FAQ
サポート依頼
非表示のチーム
社内セミナーについて
02_セミナー関連
チャネルに移動
Aki Ueno(上野 亜希) 8/16 11:15
社内セミナーについて
Sachie Kawata(河田 幸枝) 8/16 14:08
新しい機能などを紹介するタイミングにして、特に決めないほうが良いと思います。
ハンズオンですか？
Aki Ueno(上野 亜希) 8/16 14:09
デモで考えています。やってみたい人はやって的な・・・
Sayuri Tobe(戸部 さゆり) 8/16 14:09
私もデモでよいかと思います。
Sachie Kawata(河田 幸枝) 8/16 14:10
デモなら30分が良いですね。お昼の時間で15分を何回かとか
返信
ポップアップ表示

これを利用することで、複数のチャネルのスレッドを並べて表示したり、スレッド間でのコピーアンドペーストを行ったりすることができ、従来のエクスペリエンスのように都度別のチャネルに移動して、またこのチャネルに戻る、といった煩わしい操作を省くことができます。

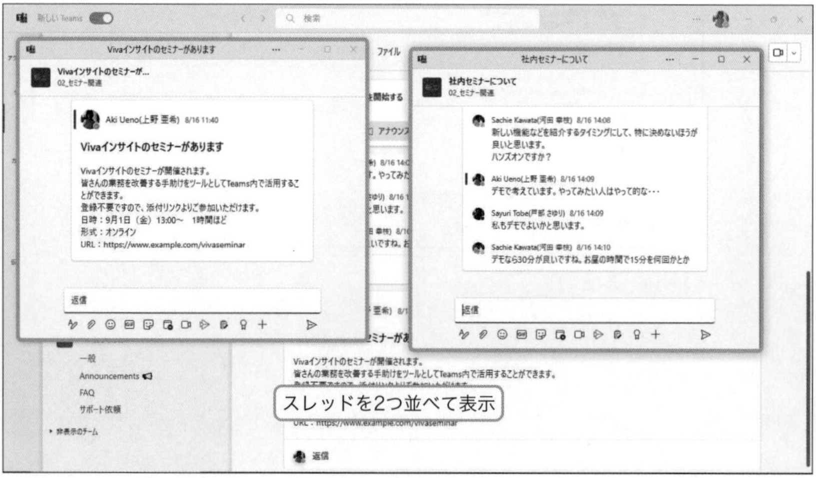
新しい Teams
検索
Vivaインサイトのセミナーがあります
Vivaインサイトのセミナーが…
02_セミナー関連
Aki Ueno(上野 亜希) 8/16 11:40
Vivaインサイトのセミナーがあります
Vivaインサイトのセミナーが開催されます。
皆さんの業務を改善する手助けをツールとしてTeams内で活用することができます。
登録不要ですので、添付リンクよりご参加いただけます。
日時：9月1日（金）13:00～　1時間ほど
形式：オンライン
URL：https://www.example.com/vivaseminar
返信
社内セミナーについて
02_セミナー関連
Sachie Kawata(河田 幸枝) 8/16 14:08
新しい機能などを紹介するタイミングにして、特に決めないほうが良いと思います。
ハンズオンですか？
Aki Ueno(上野 亜希) 8/16 14:09
デモで考えています。やってみたい人はやって的な・・・
Sayuri Tobe(戸部 さゆり) 8/16 14:09
私もデモでよいかと思います。
Sachie Kawata(河田 幸枝) 8/16 14:10
デモなら30分が良いですね。お昼の時間で15分を何回かとか
返信
一般
Announcements
FAQ
サポート依頼
非表示のチーム
スレッドを2つ並べて表示

この画面の利用を終了するには、[閉じる] ボタンをクリックします。

チャネルの詳細ペインの活用

最後に、「チャネルの詳細ペインの活用」について説明します。チャネルの詳細ペインでは、ユーザーの表示とメンバーの追加が行えます。また、チャネルの説明を追加したり、オプションの [チャネルを管理]、[チャネルの通知] を確認したりすることができます。これらは、これまでチャネル名の右側の [チャネル情報を表示] ボタンから行っていたものと同様です。特に重要な投稿やメンバーに見てもらいたい投稿は、ピン留めすることで、メンバーはチャネルの詳細ペインからワンクリックで当該スレッドを開くことができます。これらの機能をフルに活用することで、ユーザーは情報を更に効率的に管理し、コミュニケーションを円滑に進めることができます。

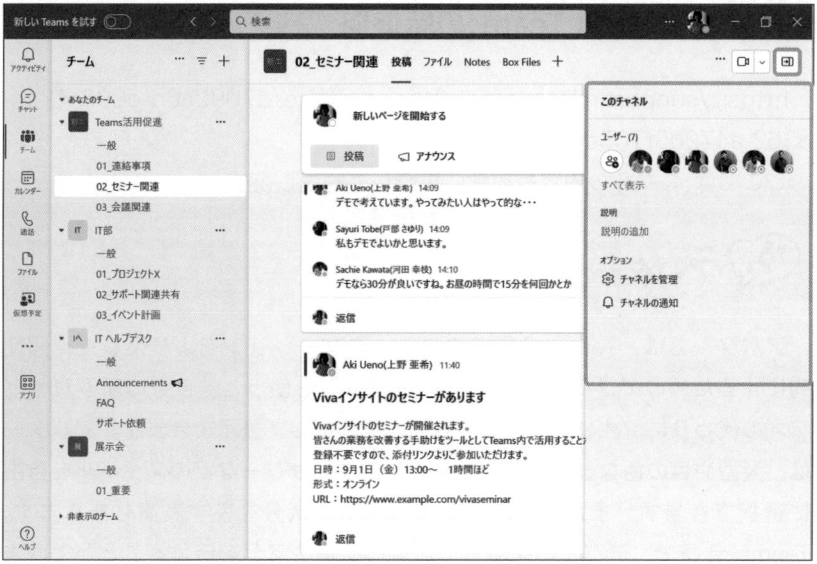

新しい Microsoft Teamsのチャネルエクスペリエンスは、新しい情報を瞬時に把握することができ、長いスレッドも容易に読み進められます。別ウインドウでスレッドを開くことにより、複数の情報を同時に確認したり、チャネル間で情報を共有したりする手間が省けます。さらに、詳細ペインを活用することで重要な投稿をピン留めしたり、情報を効率的に管理したり、スムーズなコミュニケーションを進めたりすることができます。

1-3 Microsoft Teamsの比較的新しい機能

Microsoft Teamsは、随時新しい機能が追加されたり、メニューが変更されたりします。クラウド サービスを使うにあたっては、操作やメニューを覚えこむ方法には限界があり、目的ベースで考え方やコンセプトを理解する学習方法が求められます。新しい機能が追加されたり、メニューが変更されたりしても対応できるスキルが必要になります。

Microsoft Teamsの利用者向けの新機能は、以下で公開されています。

Microsoft Teamsの新機能

https://support.microsoft.com/ja-jp/office/d7092a6d-c896-424c-b362-a472d5f105de

ここでは、こちらの内容も参考に抜粋して解説します。

アバター

アバターとは、Teams会議でのコミュニケーションをより楽しく、個性的にするためのアプリです。アバター アプリを使うと、自分の顔写真やビデオの代わりに、オリジナルのアバターを作成して表示できます。アバターは、髪型や目の色などの特徴や、服装やアクセサリーなどのスタイルを自由に選択できます。また、アバターには感情や気分を表す表情もあります。Teams 会議で、アバターを使って自分の感情や気分を伝えることができます。アバターは、Teams のユーザー同士のつながりやエンゲージメントを高めるための便利なツールです。

また、アバターは、特定のビジネスシーンにおけるユーザーのプレゼンスを強化する役割も果たします。例えば、大規模な会議やプレゼンテーションでは、特定のスピーカーやプレゼンターを視覚的にハイライトするために、特定のアバターを使用することができます。これにより、参加者の注意を集め、メッセージの伝達を強化することができます。

アバターのもう一つの重要な利点は、プライバシーの保護です。ユーザーは、自分の顔を直接表示することなく、アバターを通じて自己を表現することができます。これは、特に自宅で働いている場合や、プライバシーへの配慮に役立ちます。

本書執筆時点では、Teams のアバターを使用できるライセンスは、Teams Essentials、Microsoft 365 Business Basic、Microsoft 365 Business Standard、Microsoft 365 Business Premium、Microsoft 365 E3/E5、およびOffice 365 E1/E3/E5です。

※本書執筆時点では、新しい Teamsでは提供されていないため、従来の Teams 画面です。

新しい Teams を試す
検索
アバター
アバタービルダー
情報
カスタマイズ可能
体
顔
髪
外観
ワードローブ
体型
義肢装具
肌の色
体型
1 / 1
破棄
保存

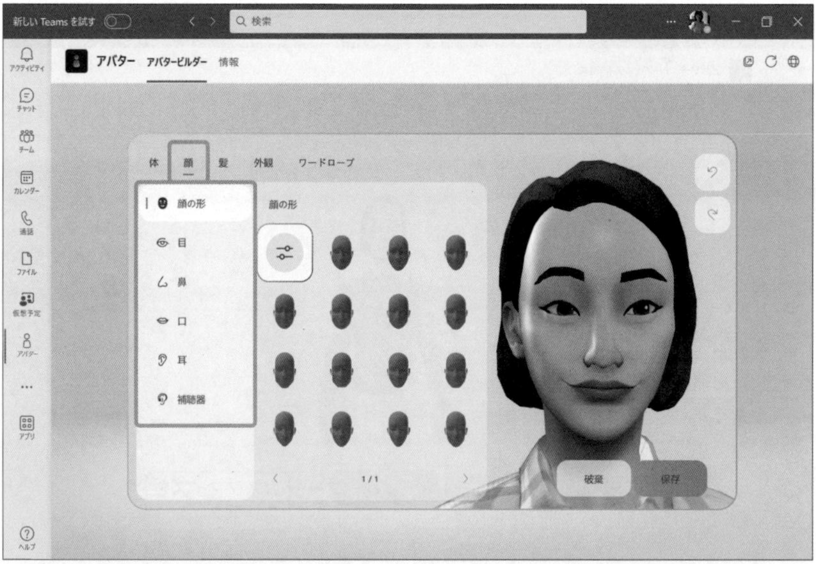
新しい Teams を試す
検索
アバター
アバタービルダー
情報
体
顔
髪
外観
ワードローブ
顔の形
目
鼻
口
耳
補聴器
顔の形
1 / 1
破棄
保存

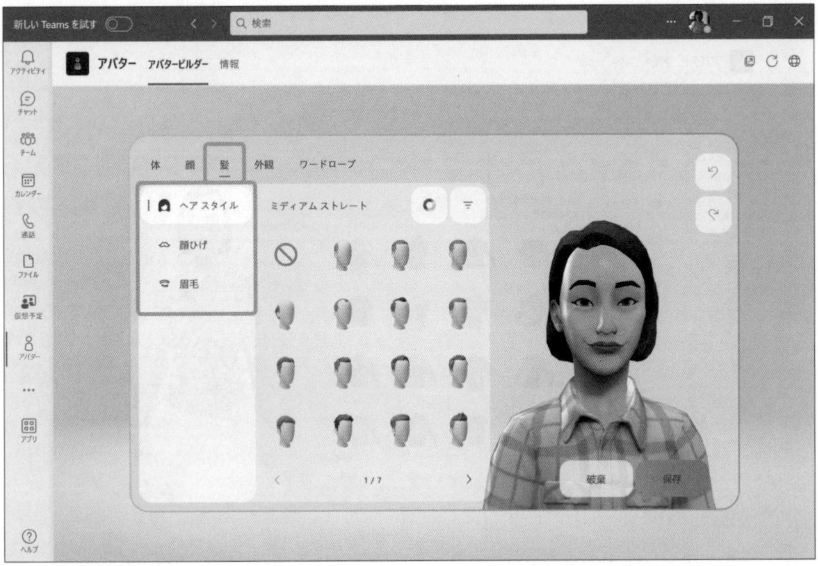
新しい Teams を試す
検索
アクティビティ
チャット
チーム
カレンダー
通話
ファイル
仮想予定
アバター
アプリ
ヘルプ
アバター
アバタービルダー
情報
体
顔
髪
外観
ワードローブ
ヘアスタイル
顔ひげ
眉毛
ミディアム ストレート
1/7
破棄
保存

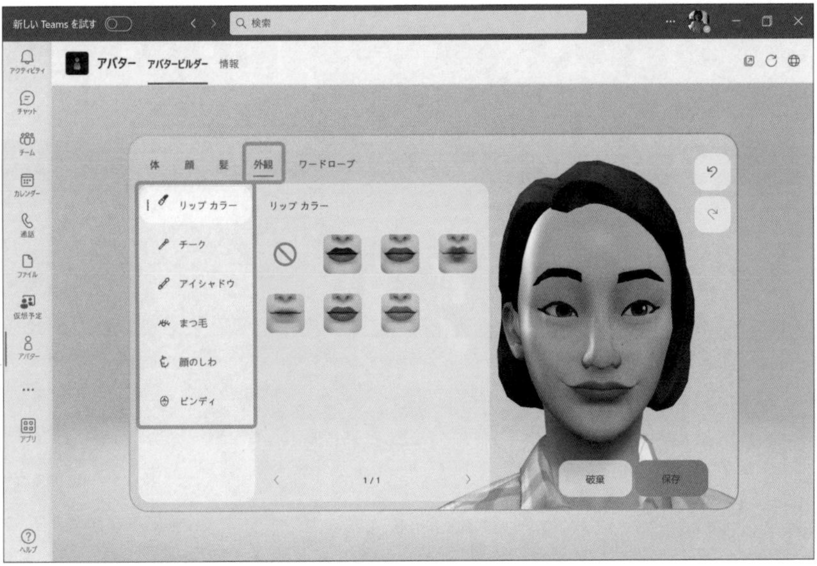
新しい Teams を試す
検索
アクティビティ
チャット
チーム
カレンダー
通話
ファイル
仮想予定
アバター
アプリ
ヘルプ
アバター
アバタービルダー
情報
体
顔
髪
外観
ワードローブ
リップ カラー
チーク
アイシャドウ
まつ毛
顔のしわ
ビンディ
リップ カラー
1/1
破棄
保存

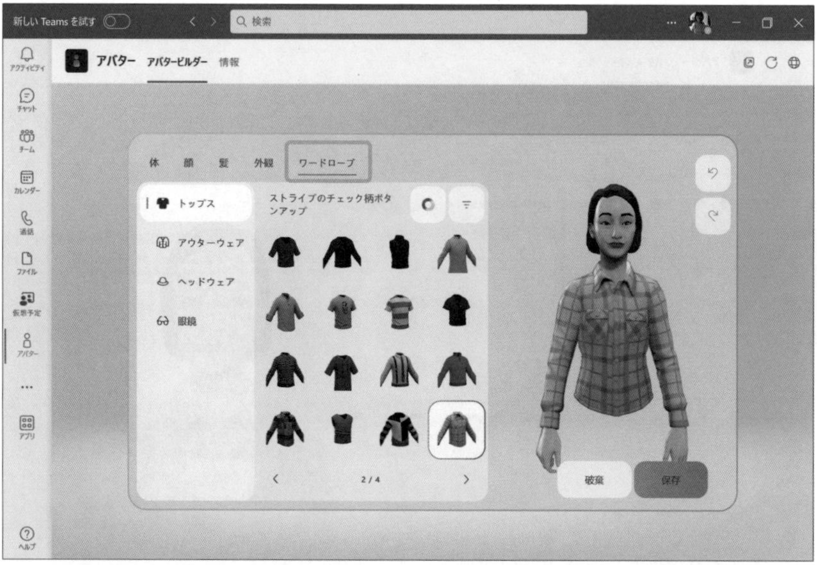
新しい Teams を試す
検索
アクティビティ
チャット
チーム
カレンダー
通話
ファイル
アバター
アプリ
ヘルプ
アバター
アバタービルダー
情報
体
顔
髪
外観
ワードローブ
トップス
アウターウェア
ヘッドウェア
眼鏡
ストライプのチェック柄ボタンアップ
2 / 4
破棄
保存

Aki Ueno(上野 亜希) との会議
00:49
チャット
参加者
手を上げる
リアクションする
表示
ルーム
アプリ
その他
カメラ
マイク
共有
退出
レコーディングと文字起こし
会議情報
エフェクトとアバター
言語と音声
設定
ヘルプ
会議への参加を求めるユーザーを招待してください

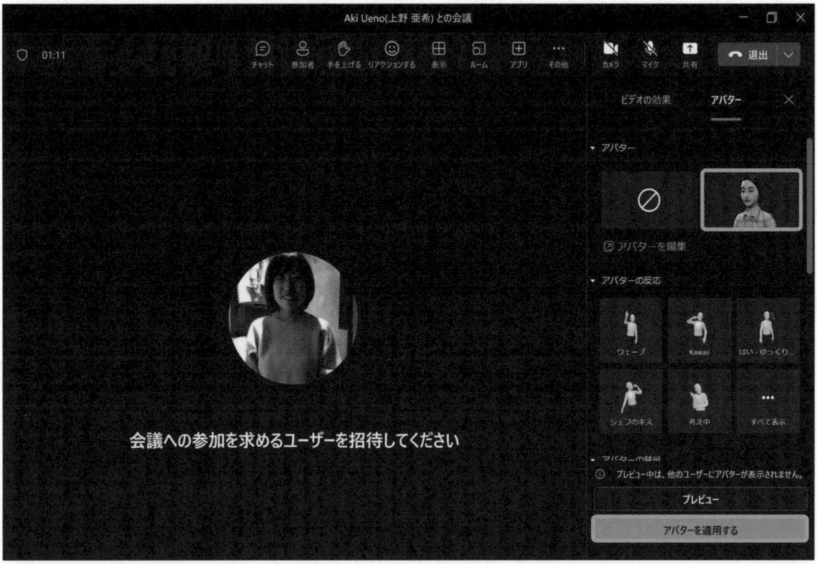
Aki Ueno(上野 亜希) との会議
01:11
チャット
参加者
手を上げる
リアクションする
表示
ルーム
アプリ
その他
カメラ
マイク
共有
退出
ビデオの効果
アバター
アバター
アバターを編集
アバターの反応
ウェーブ
Kawaii
はい - ゆっくり...
シェフのキス
考え中
すべて表示
プレビュー中は、他のユーザーにアバターが表示されません。
プレビュー
アバターを適用する
会議への参加を求めるユーザーを招待してください

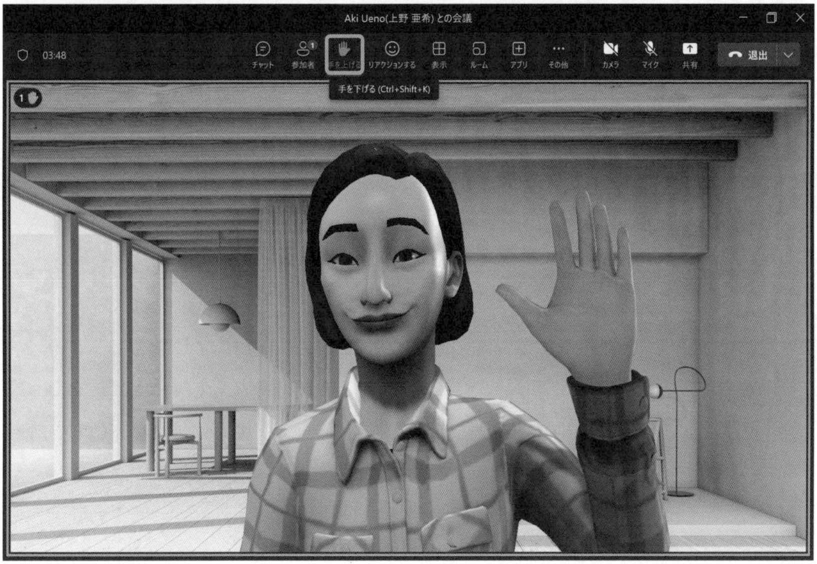
Aki Ueno(上野 亜希) との会議
03:48
チャット
参加者
手を上げる
リアクションする
表示
ルーム
アプリ
その他
カメラ
マイク
共有
退出
手を下げる (Ctrl+Shift+K)

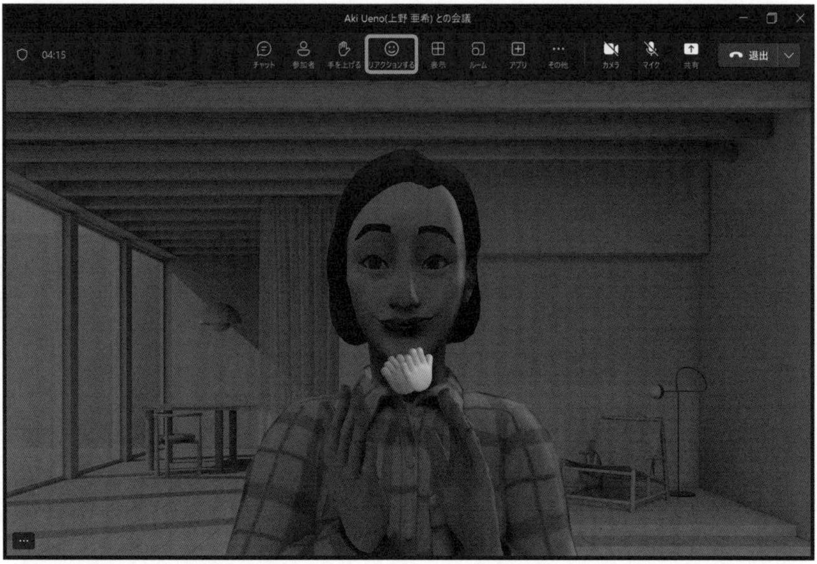

Excelライブ

Teams会議のExcelライブとは、Microsoft Teamsの共同作業機能の一つで、Teams会議ウィンドウでExcelドキュメントを直接編集できる機能です。

一人のユーザーが変更を加えた場合、その変更が即座に他の全てのユーザーにも反映されます。これにより、誤解や情報の不一致を防ぐことができ、全員が最新の情報を元に作業を進めることが可能になります。

※ 本書執筆時点では、新しいTeamsでは提供されていないため、従来のTeams画面です。

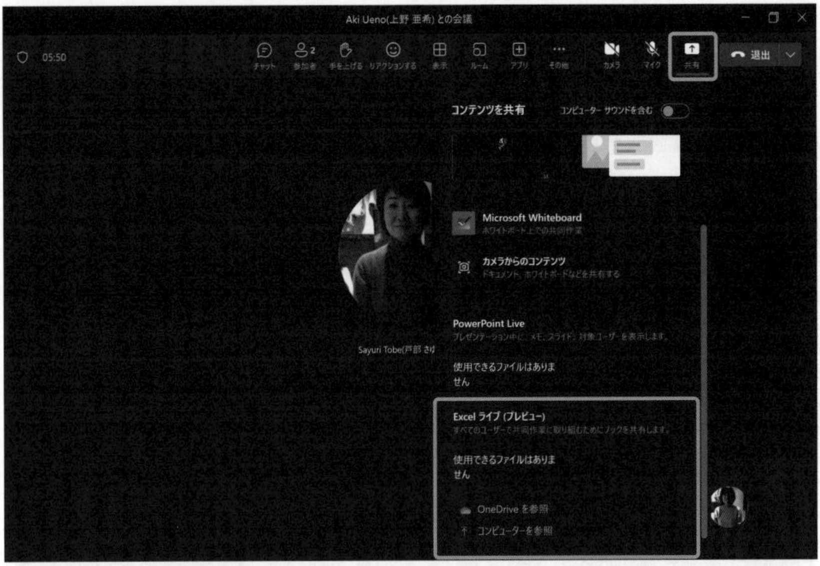

さらに、Excelライブは、ユーザーが同じTeams会議ウィンドウ内で作業を進めることができるため、作業の効率性が向上します。ユーザーは別のウィンドウを開かなくても、Teams 会議内で直接Excelファイルを編集できます。これにより、多くのウィンドウを切り替える手間が省かれ、集中力を維持することが可能になります。

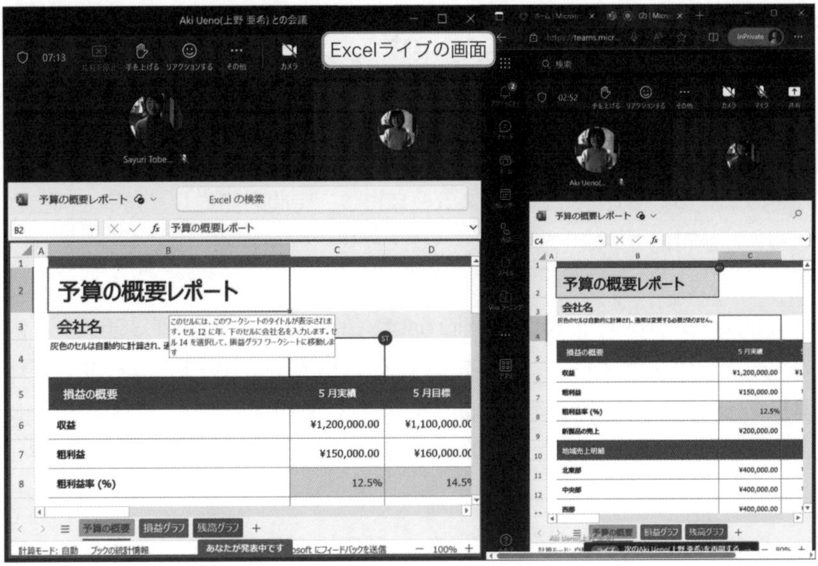

またExcelライブは、本書執筆時点では、Teams会議の録画とまもなく連携する旨のメッセージが表示されました。そうなれば、会議の録画を再生するとき、Excelライブでの操作も再生されるため、後から会議に参加した人でも、議論の過程を再現することができ、誤解や情報の不一致を防ぐことができます。

これらのメリットにより、Excel ライブはMicrosoft Teamsを使うビジネスシーンにおいて、意思決定を容易にし、Teams会議参加者の生産性と効率性が向上します。

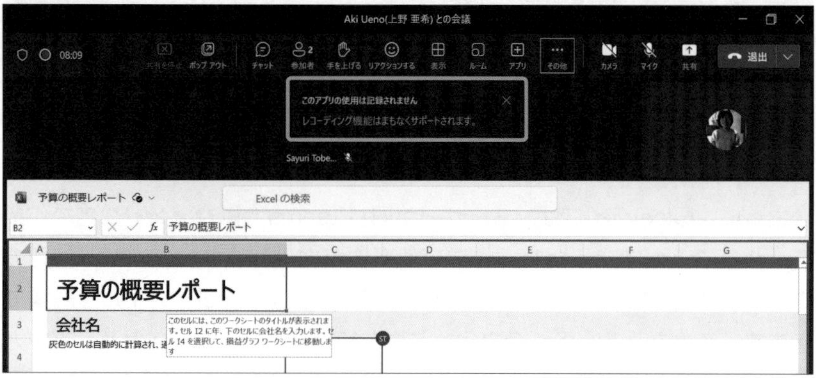

Microsoft 365 Copilot

Microsoft 365 CopilotとTeamsのCopilotは、MicrosoftのAI技術を活用した生産性向上ツールとして、ビジネスシーンでその力を発揮します。これらのツールは、仕事の流れをスムーズにし、時間を節約し、効率を向上させることが可能です。

Microsoft 365 Copilotは、Microsoft GraphやMicrosoft 365アプリ内のデータにアクセスし、大規模言語モデル(LLM)を用いて、ユーザーが仕事に必要とする情報を提供します。これはWord、Excel、PowerPoint、Outlook、Teamsといった一般的なMicrosoft 365アプリと連携して動作します。具体的には、ユーザーが作業を進めている中で必要となる情報を提供し、作業のスムーズな進行を助けます。たとえば、報告書の作成中に参照する必要があるデータを迅速に取得したり、重要な会議に向けて必要な情報を準備したりすることが可能です。

<OutlookのCopilot>
メールをすばやく開始する

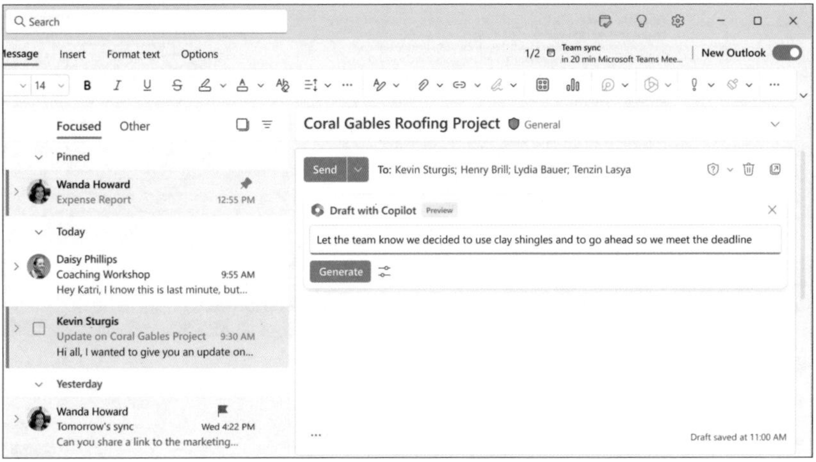
Search
New Outlook
Focused
Other
Pinned
Wanda Howard
Expense Report
12:55 PM
Today
Daisy Phillips
Coaching Workshop
9:55 AM
Hey Katri, I know this is last minute, but...
Kevin Sturgis
Update on Coral Gables Project
9:30 AM
Hi all, I wanted to give you an update on...
Yesterday
Wanda Howard
Tomorrow's sync
Wed 4:22 PM
Can you share a link to the marketing...
Coral Gables Roofing Project
General
Send
To: Kevin Sturgis; Henry Brill; Lydia Bauer; Tenzin Lasya
Draft with Copilot
Preview
Let the team know we decided to use clay shingles and to go ahead so we meet the deadline
Generate
Draft saved at 11:00 AM
(出典：日本マイクロソフト、https://support.microsoft.com/ja-jp/copilot-outlook)

概要の生成

検索
新しい Outlook
優先
その他
Mona Kane
仮想プラン
今日
Daisy Phillips
ヨガ ワークショップ
こんにちは Katri。ギリギリなのは分かっている...
Kevin Sturgis
Coral Gables プロジェク...
こんにちは皆さん。更新情報に関する連絡で...
今週
Colin Ballinger
Re:今後の旅行
ホテルの近くにこんなレストランを見つけました...
Coral Gables プロジェクトの更新
Copilot による要約
プレビュー
Kevin は The Coral Gables Project の進行状況に関する更新を提供しています。この更新には、屋根の取り壊しと新しい部材の設置が含まれています。この設置作業は来週中に完了し、防水処理にさらに 2 週間かかります。
屋根へのアクセスを妨げている障害物があり、解決策について Colin と Lydia の間に意見の相違があります。Kevin は、この議論の解決方法に関する意見を、あなたに求めています。プロジェクトの期限は 3 週間後です。
Kevin Sturgis
宛先: Katri Ahokas Lydia Bauer 他 2 人
皆さん、こんにちは
(出典：日本マイクロソフト、https://support.microsoft.com/ja-jp/copilot-outlook)

<WordのCopilot>

Copilotとチャットする

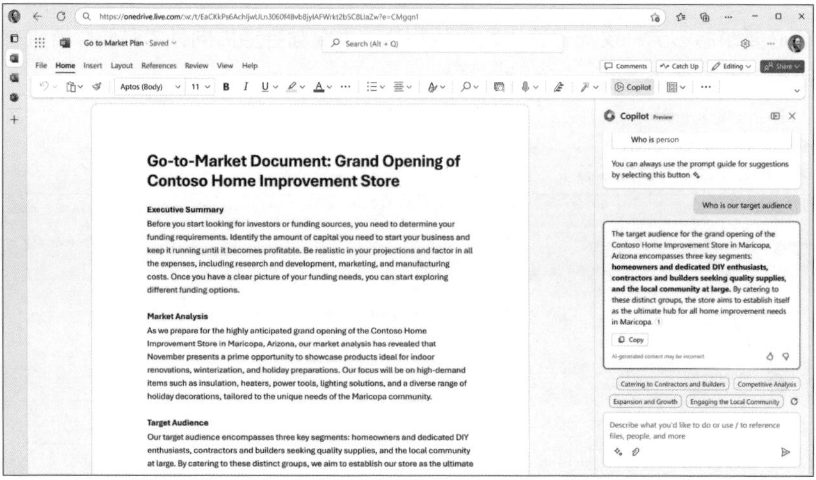
Go to Market Plan · Saved
Search (Alt + Q)
File Home Insert Layout References Review View Help
Comments Catch Up Editing Share
Aptos (Body) 11
Copilot
Go-to-Market Document: Grand Opening of Contoso Home Improvement Store
Executive Summary
Before you start looking for investors or funding sources, you need to determine your funding requirements. Identify the amount of capital you need to start your business and keep it running until it becomes profitable. Be realistic in your projections and factor in all the expenses, including research and development, marketing, and manufacturing costs. Once you have a clear picture of your funding needs, you can start exploring different funding options.
Market Analysis
As we prepare for the highly anticipated grand opening of the Contoso Home Improvement Store in Maricopa, Arizona, our market analysis has revealed that November presents a prime opportunity to showcase products ideal for indoor renovations, winterization, and holiday preparations. Our focus will be on high-demand items such as insulation, heaters, power tools, lighting solutions, and a diverse range of holiday decorations, tailored to the unique needs of the Maricopa community.
Target Audience
Our target audience encompasses three key segments: homeowners and dedicated DIY enthusiasts, contractors and builders seeking quality supplies, and the local community at large. By catering to these distinct groups, we aim to establish our store as the ultimate
Copilot Preview
Who is person
You can always use the prompt guide for suggestions by selecting this button
Who is our target audience
The target audience for the grand opening of the Contoso Home Improvement Store in Maricopa, Arizona encompasses three key segments: homeowners and dedicated DIY enthusiasts, contractors and builders seeking quality supplies, and the local community at large. By catering to these distinct groups, the store aims to establish itself as the ultimate hub for all home improvement needs in Maricopa. 1
Copy
AI-generated content may be incorrect
Catering to Contractors and Builders
Competitive Analysis
Expansion and Growth
Engaging the Local Community
Describe what you'd like to do or use / to reference files, people, and more

（出典：日本マイクロソフト、https://support.microsoft.com/ja-jp/copilot-word）

概要の生成

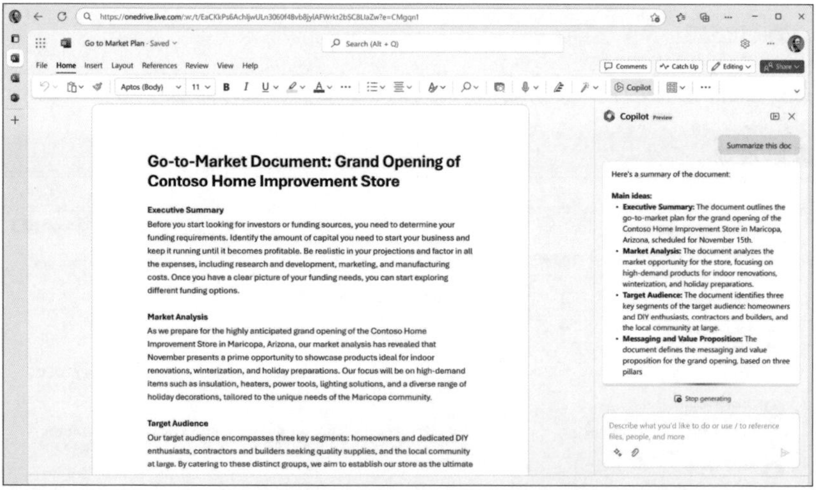
Go to Market Plan · Saved
Search (Alt + Q)
File Home Insert Layout References Review View Help
Comments Catch Up Editing Share
Aptos (Body) 11
Copilot
Go-to-Market Document: Grand Opening of Contoso Home Improvement Store
Executive Summary
Before you start looking for investors or funding sources, you need to determine your funding requirements. Identify the amount of capital you need to start your business and keep it running until it becomes profitable. Be realistic in your projections and factor in all the expenses, including research and development, marketing, and manufacturing costs. Once you have a clear picture of your funding needs, you can start exploring different funding options.
Market Analysis
As we prepare for the highly anticipated grand opening of the Contoso Home Improvement Store in Maricopa, Arizona, our market analysis has revealed that November presents a prime opportunity to showcase products ideal for indoor renovations, winterization, and holiday preparations. Our focus will be on high-demand items such as insulation, heaters, power tools, lighting solutions, and a diverse range of holiday decorations, tailored to the unique needs of the Maricopa community.
Target Audience
Our target audience encompasses three key segments: homeowners and dedicated DIY enthusiasts, contractors and builders seeking quality supplies, and the local community at large. By catering to these distinct groups, we aim to establish our store as the ultimate
Copilot Preview
Summarize this doc
Here's a summary of the document:
Main ideas:
Executive Summary: The document outlines the go-to-market plan for the grand opening of the Contoso Home Improvement Store in Maricopa, Arizona, scheduled for November 15th.
Market Analysis: The document analyzes the market opportunity for the store, focusing on high-demand products for indoor renovations, winterization, and holiday preparations.
Target Audience: The document identifies three key segments of the target audience: homeowners and DIY enthusiasts, contractors and builders, and the local community at large.
Messaging and Value Proposition: The document defines the messaging and value proposition for the grand opening, based on three pillars
Stop generating
Describe what you'd like to do or use / to reference files, people, and more

（出典：日本マイクロソフト、https://support.microsoft.com/ja-jp/copilot-word）

<ExcelのCopilot>
データを深く分析する

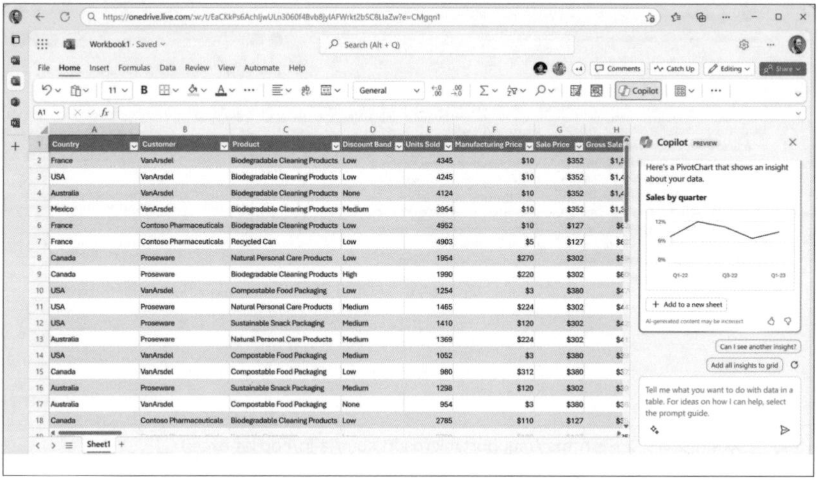
Workbook1 · Saved
Country
Customer
Product
Discount Band
Units Sold
Manufacturing Price
Sale Price
Copilot PREVIEW
Here's a PivotChart that shows an insight about your data.
Sales by quarter
+ Add to a new sheet
Can I see another insight?
Add all insights to grid
Tell me what you want to do with data in a table. For ideas on how I can help, select the prompt guide.

（出典：日本マイクロソフト、https://support.microsoft.com/ja-jp/copilot-excel）

重要なことにフォーカスする

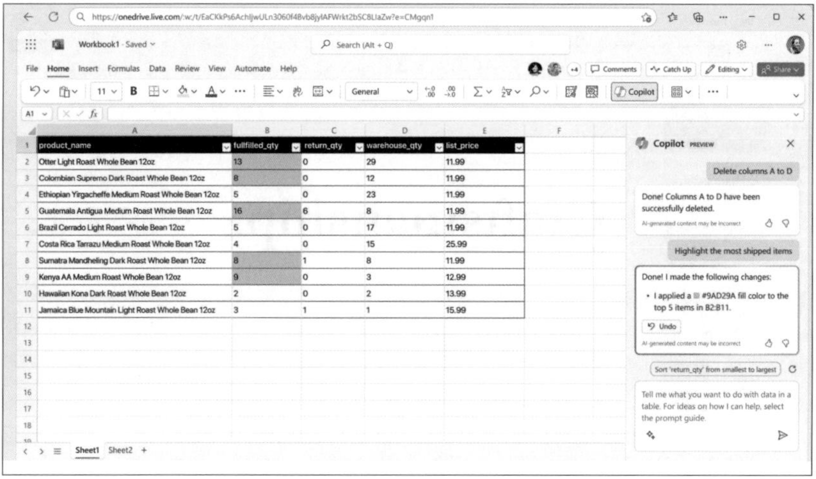
Workbook1 · Saved
product_name
fullfilled_qty
return_qty
warehouse_qty
list_price
Copilot PREVIEW
Delete columns A to D
Done! Columns A to D have been successfully deleted.
Highlight the most shipped items
Done! I made the following changes:
I applied a #9AD29A fill color to the top 5 items in B2:B11.
Undo
Sort 'return_qty' from smallest to largest
Tell me what you want to do with data in a table. For ideas on how I can help, select the prompt guide.

（出典：日本マイクロソフト、https://support.microsoft.com/ja-jp/copilot-excel）

数式を生成する

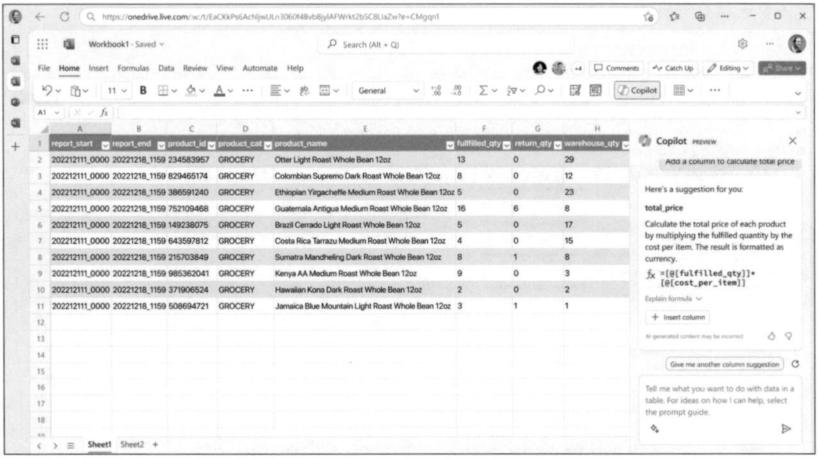

（出典：日本マイクロソフト、https://support.microsoft.com/ja-jp/copilot-excel）

＜PowerPointのCopilot＞
新しいプレゼンテーションを作成する

（出典：日本マイクロソフト、https://support.microsoft.com/ja-jp/copilot-powerpoint）

プレゼンテーションを要約する

（出典：日本マイクロソフト、https://support.microsoft.com/ja-jp/copilot-powerpoint）

プレゼンテーションを整理する

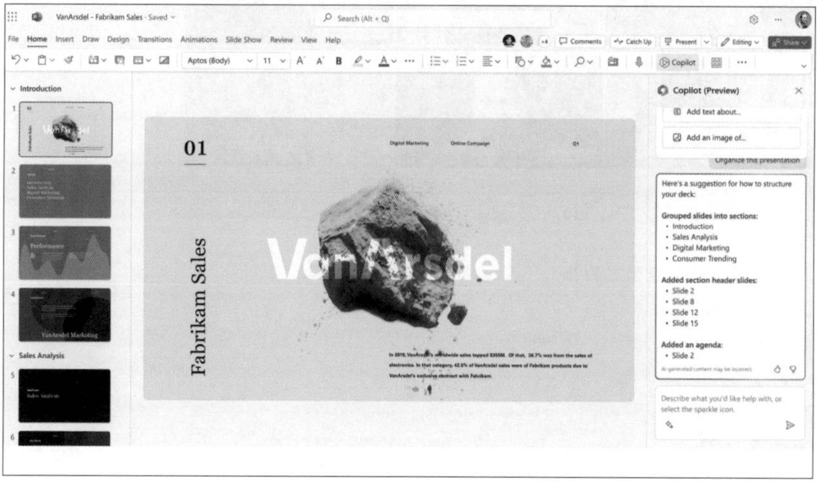

（出典：日本マイクロソフト、https://support.microsoft.com/ja-jp/copilot-powerpoint）

　また、TeamsのCopilotは、Teams会議の中で活用できる AI ツールとして、会議の生産性と効率性を向上させることを目指しています。リアルタイムで会議の要約を作成し、アクションアイテムを提案することで、会議後のフォローアップを容易にします。また、会議中に生じた課題や問題点をすぐに対応できるようにすることで、会議の成果を高めます。

さらに、TeamsのCopilotには、Microsoft 365 Chatという機能もあります。これは、Microsoft 365のさまざまなアプリやデータを横断して機能し、ユーザーが必要とする情報や洞察を提供します。例えば、カレンダーからのスケジュール確認、メールからの重要な情報抽出、ドキュメントの検索といった作業を一元的に行うことができます。これにより、作業の効率性を大幅に向上させることができます。

より効率的に会議を行う

（出典：日本マイクロソフト、https://support.microsoft.com/ja-jp/copilot-teams）

Teamsですべてをまとめる

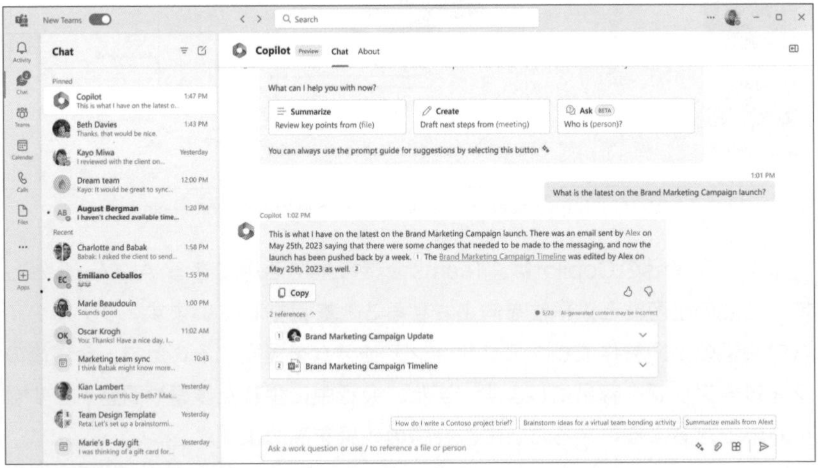

（出典：日本マイクロソフト、https://support.microsoft.com/ja-jp/copilot-teams）

これらの機能は、ユーザーが自分の作業に集中し、より重要な判断や決定を行うための時間とエネルギーを節約することを可能にします。その結果、生産性が向上し、仕事の質も高まります。また、AI による自動化と情報提供は、ユーザーのストレスを軽減し、ワークライフバランスの向上にも貢献します。したがって、Microsoft 365 CopilotとTeamsの Copilotは、現代のビジネス環境における重要なツールとなります。

Copilotとは、副操縦士という意味です。Copilotは、いろいろ支援してくれますが、最終的な判断を行うのは、あくまでも人間という前提を忘れてはいけないでしょう。

本書執筆時点では、Microsoft 365 Copilotを日本語で使える環境は、まだ提供されておりませんでした。ここまで記載した仕様も今後変更の可能性があります。なお、Microsoft 365 Copilotの価格は、Microsoft 365 E3、E5、Business StandardおよびBusiness Premiumの顧客向けに、ユーザー当たり月額$30になることは発表されています。詳細は、以下のURLなどを参照してください。

Microsoft 365 Copilotを発表 – 仕事の副操縦士

https://blogs.windows.com/japan/2023/03/28/introducing-microsoft-365-copilot-a-whole-new-way-to-work/

Furthering our AI ambitions – Announcing Bing Chat Enterprise and Microsoft 365 Copilot pricing

https://blogs.microsoft.com/blog/2023/07/18/furthering-our-ai-ambitions-announcing-bing-chat-enterprise-and-microsoft-365-copilot-pricing/

具体的な操作イメージは、以下のURLに動画があります。

Introducing Microsoft 365 Copilot — your copilot for work

https://news.microsoft.com/reinventing-productivity/

1-4 新しいMicrosoft Teams デスクトップクライアント

新しいMicrosoft Teamsデスクトップクライアント（以降「新しいTeams」と記載）は、Windows用にゼロから再考され、より高速でシンプルで柔軟な使い心地を提供します。インストールと読み込みが速く、アプリの起動からTeams会議への参加までスムーズになりました。

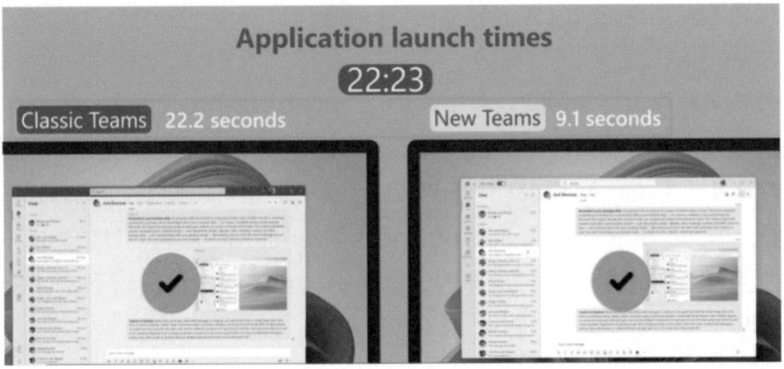

（出典：マイクロソフト、https://www.microsoft.com/en-us/microsoft-365/blog/2023/03/27/welcome-to-the-new-era-of-microsoft-teams/）

（出典：マイクロソフト、https://www.microsoft.com/en-us/microsoft-365/blog/2023/03/27/welcome-to-the-new-era-of-microsoft-teams/）

さらに、新しいTeamsではデバイスのリソースをより効率的に使うことができます。これにより、メモリとディスクの使用量を減らすことが可能になりました。複数のアカウントやテナントがあっても、新しいTeamsではそれらを一箇所にまとめ、使い勝手と拡張性を向上させています。

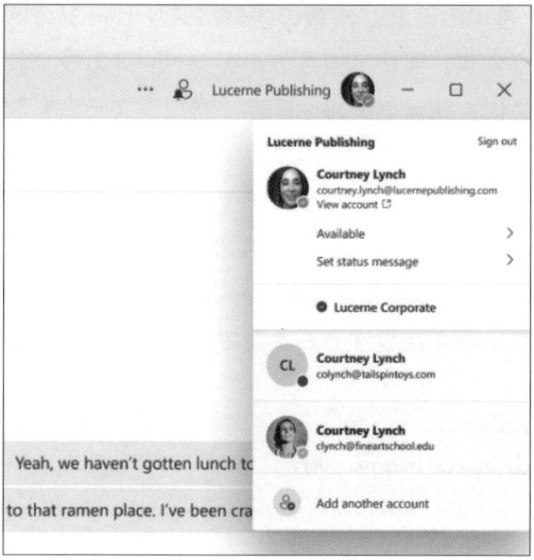

（出典：マイクロソフト、https://www.microsoft.com/en-us/microsoft-365/blog/2023/03/27/welcome-to-the-new-era-of-microsoft-teams/）

新しいTeamsは、スピード、パフォーマンス、柔軟性、インテリジェンスに重点を置いて構築されており、メモリ使用量を削減しつつ、高速性能を提供します。また、ユーザーエクスペリエンスを改善し、使いやすさを向上させました。これらの強化は、新しいAIを活用した機能の基盤も提供します。

新しいTeamsでは、システムリソースの半分を使用しつつ、２倍の速度を達成します。これを達成するために、データ、ネットワーク、チャット、ビデオのアーキテクチャを最適化し、パフォーマンスを改善しました。

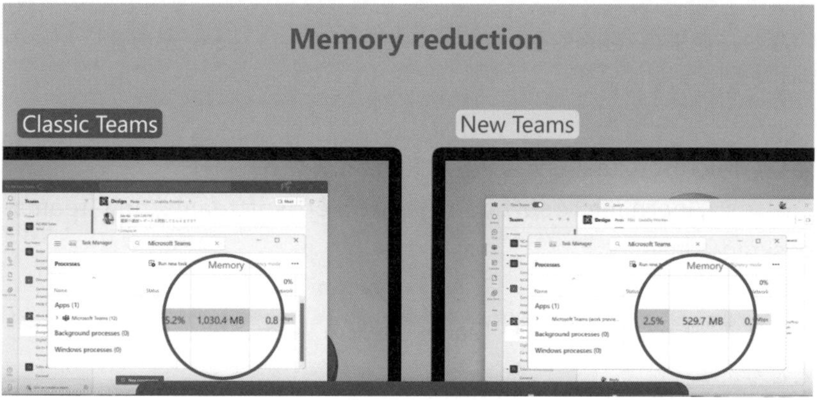

（出典：マイクロソフト、https://www.microsoft.com/en-us/microsoft-365/blog/2023/03/27/welcome-to-the-new-era-of-microsoft-teams/）

さらに、新しいTeamsでは、通知の確認、情報の検索、メッセージの管理、チャネルの整理が簡単になります。また、複数のテナントやアカウントを持つお客様をサポートするために、認証モデルや同期、通知システムを改善しました。

また、新しいTeamsは次世代のAIエクスペリエンスの基盤となります。これにより、会議やチャットに参加する前に何が起こったのかを理解したり、ディスカッションの中で質問に答えたりすることができます。

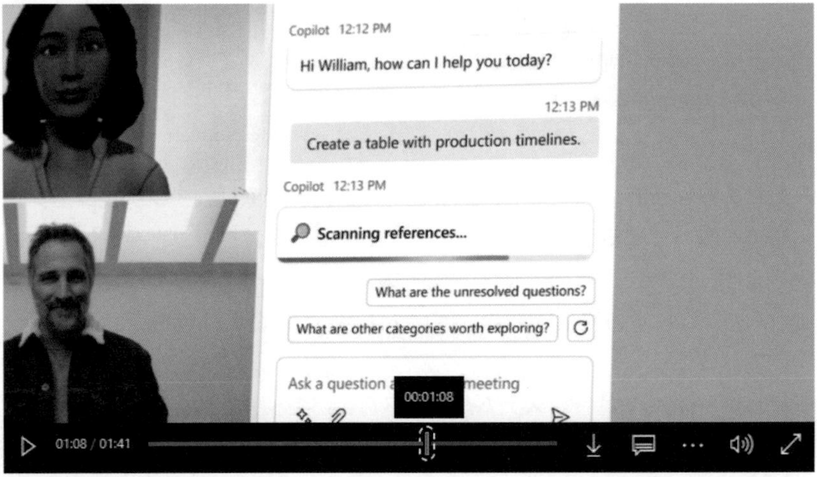

(出典：マイクロソフト、https://www.microsoft.com/en-us/microsoft-365/blog/2023/03/27/welcome-to-the-new-era-of-microsoft-teams/)

なお、従来のTeamsをクラシックとし、新しいTeamsとの違いが次のURLに記されています。

新しいMicrosoft Teamsデスクトップクライアント

https://learn.microsoft.com/ja-jp/microsoftteams/new-teams-desktop-admin

本書執筆時点では、新しいTeamsと従来のTeamsの違いは次の表の通りとなります。

クラシック Teams	新しいTeams
紫色のトースト通知	紫色の"トースト"通知が表示されなくなり、タスクバーアイコンの動作が少し異なります。通知は、一貫性のあるエクスペリエンスを提供するために、Windowsネイティブ通知を介して行われます。
Wikiをチャネル タブに追加する	Wikiアプリは表示されなくなります。代わりに、Notesアプリを選択します。
チャネルの[ファイル] アプリと[ファイル] タブからサードパーティのクラウドストレージサービスを追加する	Teamsの左側のナビゲーションバーの[ファイル] アプリとTeamsチャネルの[ファイル] タブに[クラウドストレージの追加] が表示されなくなります。これで、TeamsAppStoreから直接サードパーティのストレージアプリを追加できるようになりました。
1対1のチャットで組織図を検索する	Teams内の任意の場所でユーザーのアバターまたはプロフィール写真を選択し、プロファイルカード内の組織図に移動します。
1対1のチャット中にLinkedInを検索する	Teams内の任意の場所でユーザーのアバターまたはプロフィール写真を選択し、プロファイルカード内の[LinkedIn] タブに移動します。
チャネルのタブへのドキュメントライブラリアプリの追加	代わりにSharePointアプリを使用してください。次に、そこからドキュメントライブラリをタブとしてチャネルに追加します。既存のドキュメントライブラリは、初回使用時に自動的にSharePointドキュメントライブラリに変換されます。
チャットの[アクティビティ] タブ	使用できなくなりました。
Teamsでメッセージとファイルを保存する機能	使用できなくなりました。今年後半に同様の機能に置き換えられます。
ユーザーが別のユーザーのプレゼンスに従い、可用性を通知できるようにする	新しいTeamsでユーザーのアバターまたはプロフィール写真を選択すると、オンライン状態の概要、Outlookで次に使用可能な予定表スロット、勤務時間、現地時間、および勤務地(リモートまたはオフィス) をすばやく確認できます。
タスクバー(システムトレイ) の右端にある通知領域からサインアウトする機能。	使用できなくなりました。
[設定] ダイアログ	設定は、タイトルバーの[その他のオプション] メニュー(…) からアクセスするアプリになりました。
[その他のオプション] メニューのリンクについて(…)	[バージョン情報] リンクは、[Teams について] カテゴリの[設定] アプリに追加されました。

クラシック Teams	新しいTeams
アプリバーのヘルプ	ヘルプリンクやフィードバックを含むヘルプエントリポイントが、タイトルバーの[その他のオプション]メニュー(…)の下に表示されるようになりました。
アダプティブカードを使用してTeams個人アプリを構築する機能	使用できなくなりました。
外観の一般的な変更	色、ヒントスタイル、一般的な外観が更新されました。
[メンバーの追加] ダイアログでタグを使用する機能	タグの高度なフローが追加されました。

第 2 章

Microsoft Teams Premiumの概要

2-1 概要とライセンス

Teams Premiumは、Microsoft Teamsを現在使用している、またはこれから使用する組織に対して、さらに強化された機能を提供します。より組織や個人に応じたカスタマイズされたTeams会議を開催したり、AI機能を使って会議の発言を抽出したり、秘匿性の高い情報を守ったりすることができます。

Microsoft 365では、標準的に使用可能なMicrosoft Bookingsや仮想予定アプリを使って、バーチャル面談を行うことができますが、Teams Premiumがあれば、スケジュールされたバーチャル面談だけでなく、オンデマンドでバーチャル面談を行ったり、キューと呼ばれる待合室を設けたり、さらには、バーチャル面談の結果を分析できるなど実務環境で、より実践的にバーチャル面談を行うことができます。

また、Microsoft Teamsで標準的に使用可能なウェビナーにおいても、Teams Premiumには機能が追加されています。参加登録した人をウェビナーの開催者が承認・却下する機能や、参加登録できる日時の範囲を限定する機能、さらにはキャンセル待ちの運用が可能など、ウェビナーの開催者や参加者にとって、かゆい所に手が届くようなサービスが満載です。

なお、本書執筆時点では、Teams Premiumを導入するためには、Teams Premiumアドオンライセンスを購入する必要があります。そのためのベースライセンスとして、Microsoft Teamsが含まれているOffice 365またはMicrosoft 365サブスクリプションが必要です。

ここでは、以降の章で解説するTeams Premiumの各機能についての概要を説明し、一部後述との重複記述もありますが、全体像をご理解いただきます。

パーソナル化された会議の実施

会議テンプレートの利用

この機能は、定期的に行う会議や同じ特性を持つ会議のために、あらかじめ会議のオプションを設定しておくことができます。これにより、会議ごとに設定を行う手間が省けるとともに、組織の会議運営の効率化と標準化が実現します。

例えば、毎週行う部門会議や月次の経営会議、定期的に開催される全社会議などが考えられます。これらの会議では、通常ロビーをバイパスできるユーザーやカメラやマイクの設定など、会議のオプションが固定化されていることが一般的です。会議テンプレートを使用することで、これらの設定を毎回行う必要がなくなり、会議の開催をスムーズに進めることができます。

また、この機能は組織のポリシーに基づいて会議を運営する際にも有効です。たとえば、組織内の機密情報を扱う会議では、秘密度ラベルやエンドツーエンドの暗号化など、高いセキュリティ設定が必要となります。これらの設定をテンプレートとして定義しておくことで、安全な会議運営を継続的に行うことができます。

さらに、テンプレートを利用することで、会議の質を向上させることも可能です。設定ミスによる会議の中断を防ぐだけでなく、参加者が会議に集中するための環境を整えることができます。

会議テンプレートは、会議の運営を効率化し、標準化することで、時間の節約と質の向上を実現するための強力なツールとなります。これにより、組織全体の生産性向上に大きく寄与します。

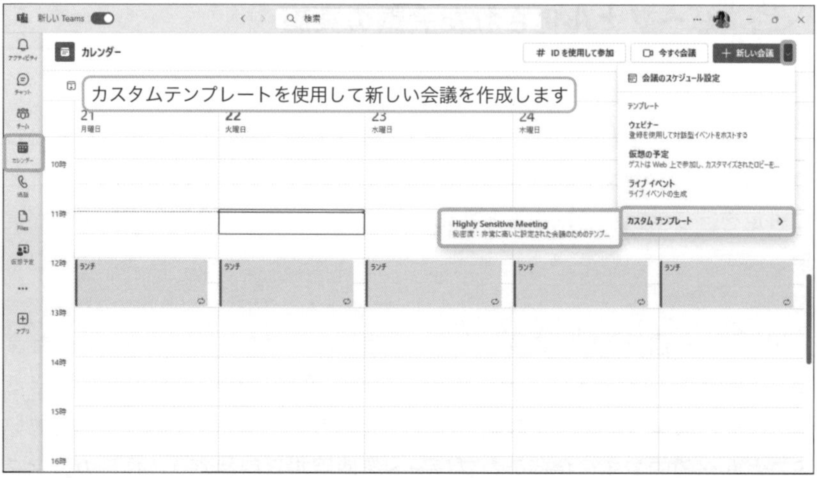

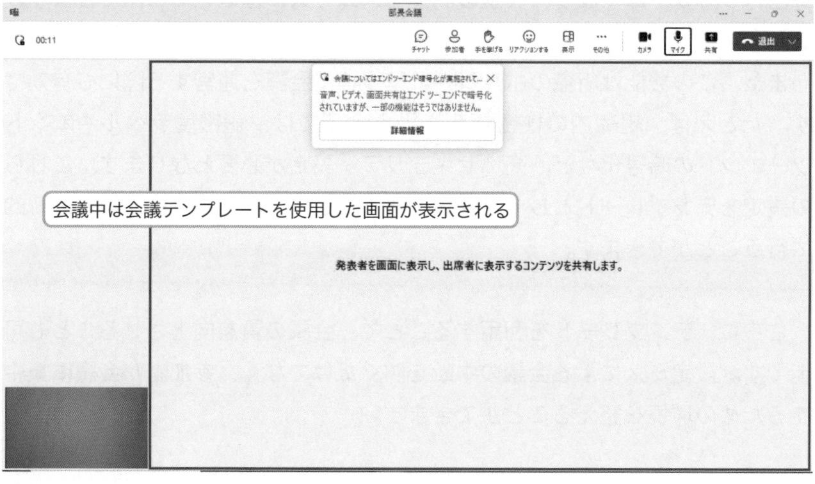

会議のテーマ

Teams会議の参加画面やロビー画面で、組織のブランドを醸し出すことができます。組織のロゴや画像を表示したり、メニューのボタンの色調をブランドカラーに変えたりすることができます。そしてこの色調は、会議中の画面にも引き継がれ、その組織独自の会議であることが一目でわかります。

すなわち会議テーマは、ロゴや色調などを通してブランドの一貫性を保つ手段です。この機能を利用することで、会議の主催組織をすぐに識別し、一貫したブランドイメージを維持することができます。医療、金融、小売などの業界で、一貫したデザインとエクスペリエンスを用いることで、プロフェッショナリズムを印象付け、企業文化を強化し、顧客の信頼を得られます。

ただ、すべての会議がブランディングを必要とするわけではなく、必要に応じて会議テーマをオフにすることも可能です。会議の目的に応じた設定が可能となり、会議のエンゲージメントとコミュニケーションの質を向上することができます。

カスタム会議背景

Teams会議中にビデオ画像の背景に組織オリジナルの背景を表示できるようにする機能です。カスタム会議背景を使用すると、社内の企業文化の構築を促進し、社内および外部の会議参加者の両方で全体的なブランドの認識を高めるのに役立ちます。

例えば新製品の発表会議で製品のロゴやキービジュアルを背景に設定すると、会議の主題を明確に示すことができます。また、会社のビジョンやミッションを背景に掲示することで、社員が常に企業の理念に触れる機会を持つことができます。

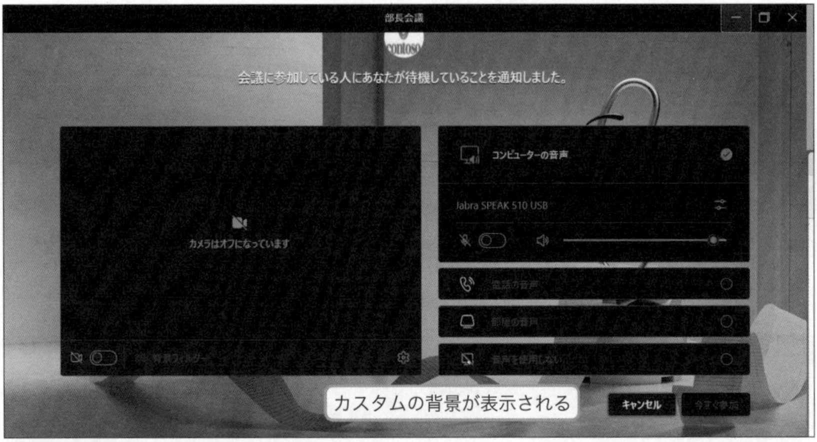

グリーンルーム（控室）の設置

Teams会議の開催者や発表者が、出席者が参加する前に準備する時間を取り、オーディオとビデオの設定をテストしたり、コンテンツの共有を確認したり、リハーサルしたりできる機能です。これによりインテリジェントで安全な会議を実現することができます。大規模なビジネス会議やプレゼンテーションなど、準備と確認が必要な場面で、より大きく貢献します。

たとえば、新製品の発表会や企業の四半期決算報告など、内容が重要で、かつ視覚的な要素が重要な場合、この機能は非常に便利です。開催者や発表者は、予定された会議の前に集まり、プレゼンテーションの流れを確認し、必要な資料が適切に共有されているかをテストし、オーディオとビデオの設定を最適化します。

これにより、会議が始まるときにはすべてが整っており、技術的な問題や準備不足による時間のロスを避けることができます。会議の中断なくスムーズにプレゼンテーションを進めることが可能になり、会議の質が大幅に向上します。

また、この機能はオンライン研修や教育の場においても有用です。教育者は、授業が始まる前に教材の共有やオーディオビデオの設定を確認し、学習者への教育体験を最適化することができます。

さらに、グリーンルーム機能を使用することで、情報のセキュリティも強化できます。会議の開始前に、すべての参加者が適切なアクセス権を持っているか確認し、重要な会議資料が誤って外部に漏れることを防ぎます。

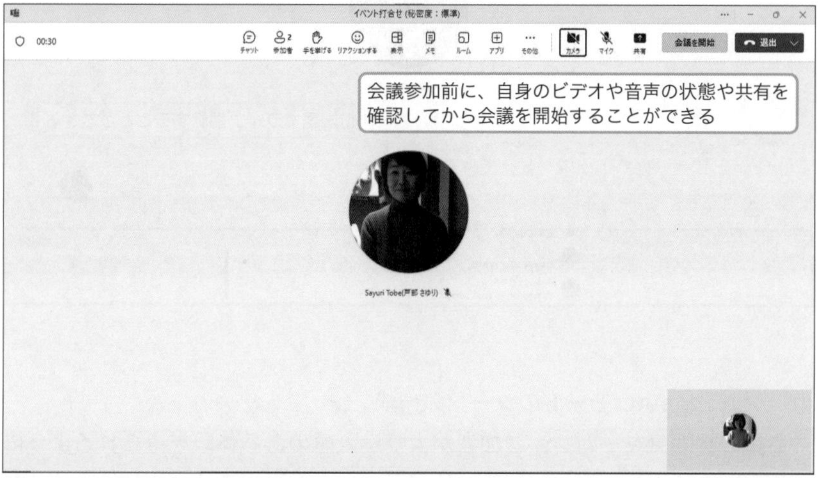

AI搭載の会議で仕事をスマートに

会議の言語を翻訳して字幕表示

会議中に発言された言葉を、自動的に翻訳し字幕表示する機能です。この機能を利用することで、異なる言語を話す参加者がいる場合でも、会議の円滑な進行が可能になります。また、字幕表示されることで、聴覚障害者の方々にも会議内容を理解していただくことができます。

例えば、海外拠点との連携が求められる場面が増えている企業にとって、言語の壁は重要な課題となります。また、一部のスタッフが母国語以外の言語をあまり理解できない場合もあります。この機能を利用すると、発言された内容がリアルタイムで翻訳され、字幕として表示されます。これにより、異なる言語を話す人々における意思疎通がスムーズに行われ、会議の効率と成果が向上します。

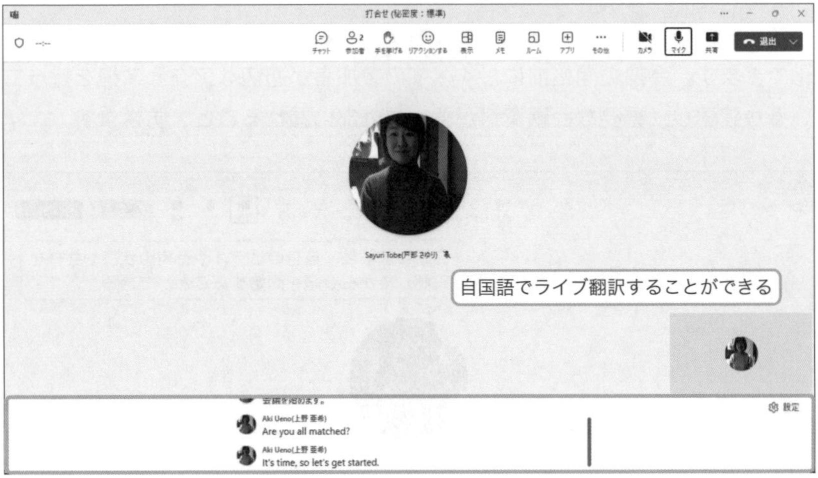

カスタムTogetherモードのシーンの作成

会議の雰囲気を一新し、参加者がより没入感のある体験を得られるようにするものです。この機能が活躍する場面は、通常のビデオ会議では物足りなさを感じているチームや、新鮮なコミュニケーション体験を求めている組織により有益と考えられます。

具体的には、参加者のビデオを1つの共有仮想空間、つまり「シーン」に結合することができます。シーンは、シーン作成者がMicrosoft Scene Studioを使って設計し、参加者の位置を事前に定めて配置することも可能です。

この機能を使用すれば、参加者全員が同じ空間にいるかのような感覚を得られ、会議がよりリアルで対話的なものになります。また、シーン作成者がデザインを自由に設定できるため、企業のブランドイメージを反映したり、特定のテーマやムードに合わせたりすることも可能です。

結果として、従来のビデオ会議の枠を超え、新たなコミュニケーション体験を提供します。これにより、会議の参加者はより活発な議論を行い、クリエイティブなアイデアを生み出すことが期待できます。

この機能はあらゆるシチュエーションで利用可能です。例えば、バーチャル誕生日会の開催、個性的で忘れられないオフィス空間の作成、全社会議、あるいは特別な場所でのオフサイト会議など、個人からビジネスまで幅広く利用できます。さらに、公的機関なら法廷、教育機関なら教室や大学、社会人教育テーマのブランド化など、特定の業種や目的に合わせてシーンを作成することも可能です。いずれも会議における雰囲気作りが容易になる点が挙げられます。自由なデザイン設定により、会議の目的やテーマに合ったシーンを作ることができ、参加者の意識を高めることが可能です。

次に、よりリアルなコミュニケーション体験が提供できることも大きなメリットです。一般的なビデオ会議とは異なり、参加者が同じ空間にいるかのような感覚を得られ、対話やディスカッションが活発になります。

さらに、この機能を活用することで、リモートワークやテレワークが普及する現代においても、参加者が「一緒に」いる感覚を保つことが可能となります。これは、コミュニケーションの質を高め、チームの結束力を強化する上で重要な要素となります。

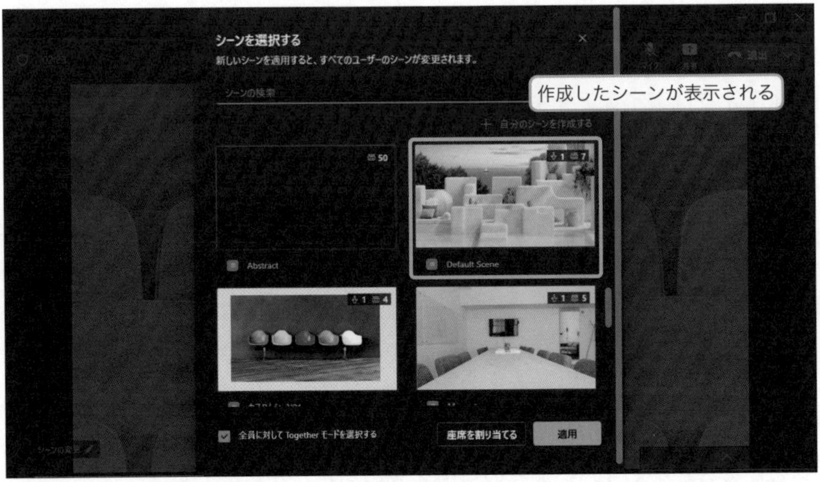

PowerPoint Liveチャプター

PowerPoint Liveチャプターとは、Microsoft Teamsでの会議のレコーディング中に、PowerPointプレゼンテーションのスライド切り替えを基に自動的に生成されるセクションのことを指します。これにより、会議の参加者や後からレコーディングされた動画を見る人が、特定のスライドやトピックに簡単にアクセスすることができます。

この機能が役立つ状況は、大量の情報や多くのトピックが含まれるプレゼンテーションが行われる場面や、録画した会議を後で確認したいという場合などが考えられます。

たとえば、新製品の打ち合わせや、年次報告の会議などでプレゼンテーションが行われたとき、多くのスライドが登場します。会議が終わった後、参加者が特定のスライドや話題について再度確認したいと思ったときに、この機能はとても便利です。また、時間の都合で全体の会議に参加できなかった人が、後から録画を見る際にも有効です。全体の流れを一度に見るのではなく、特定のトピックだけをピックアップして見ることができます。

この機能のメリットの一つとして、会議の内容を後から効率的に確認できることがあります。具体的なスライドや話題への直接アクセスが可能なため、無駄な時間をかけずに必要な情報を取得できます。また、それぞれのスライドやトピックが明確に区分けされるため、全体の構造を把握しやすくなります。これにより、会議の理解を深め、必要な情報を効率的に取り出すことが可能になります。

チャット
打合せ
コンテンツ
会議のメモ
録画を確認すると、チャプターが作成されていることがわかる
この会議では発表者情報を利用できません。

インテリジェントな会議の要約

AIを用いて、過去の会議の要約や参加者の発言内容の分析を自動で行います。例えば重要なプロジェクトの打ち合わせに全員が同時に参加できない場合などです。会議に参加できなかったメンバーでも、自動生成された会議の要約を見ることで、議論の流れや結論を確認することができます。

また、出張中や別のタスクに忙しい場合でも、この機能を利用すれば大切な情報を確認できます。要約はAIが自動で作成してくれるので、時間を割いて自分で作る手間が省けます。

さらに、参加者の発言内容を自動的に分析することにより、会議の進行や参加者の意見の傾向など、より深いレベルでの理解を得ることができます。

これらの情報は、次回の会議の準備や、より良いコミュニケーションのための参考になります。

　このように、インテリジェントな会議の要約は、忙しいビジネスシーンでの情報共有と理解をスムーズにするためのツールとして有効です。

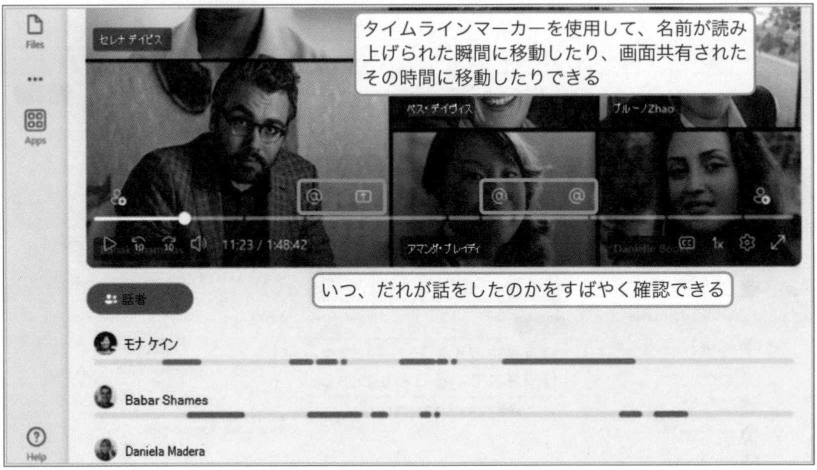

（出典：日本マイクロソフト、https://support.microsoft.com/ja-jp/office/microsoft-teams-%E3%81%A7%E3%81%AE%E4%BC%9A%E8%AD%B0%E3%81%AE%E8%A6%81%E7%B4%84-c2e3a0fe-504f-4b2c-bf85-504938f110ef）

秘密情報を安全に守る

画面に透かしを入れて情報漏洩を抑止

　透かしの活用は、情報漏洩を抑止し、ビジネスにおける情報管理を強化するための効果的な手段となります。特に、この透かしは見た目に影響を与えず、かつ会議中に共有されたコンテンツの機密性を維持する役割を果たします。

　透かしでは、Teams会議の共有されたコンテンツ上に、参加者自身のメールアドレスが表示されます。これにより、会議の内容が不適切に外部に流出するのを抑止します。参加者が不適切なスクリーンショットを撮るのを防ぐだけでなく、もし情報が漏れた場合でもその出所を特定しやすくします。情報の安全管理がより強化され、ビジネスにおける信頼性も向上します。

　これは特に、会議の内容が機密性を要する情報、例えば製造業での製品デザインや、金融機関での取扱いに注意が必要な財務情報などを共有する際に、非常に有用な機能となります。

　Teams Premiumの透かし機能は、多種多様なビジネスシーンにおいて、情報のセキュリティを確保し、円滑なコミュニケーションを促進するための有効な手段となります。

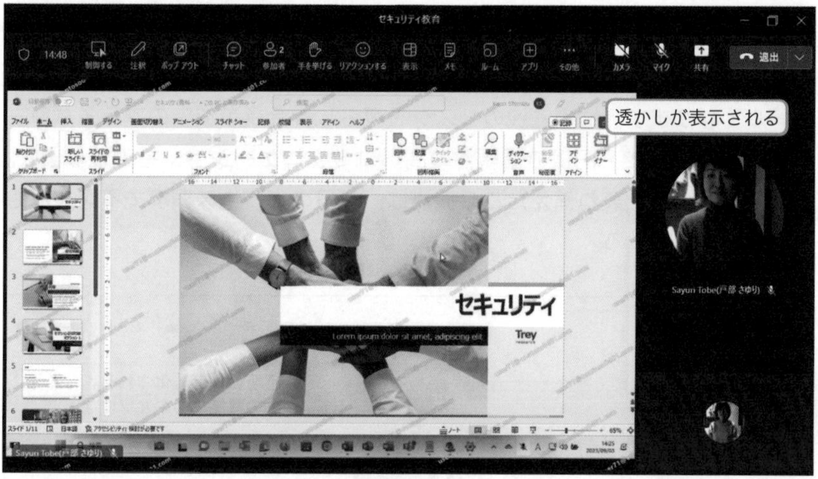

エンドツーエンドの暗号化を有効

　エンドツーエンドの暗号化は、通信データが送信者から受信者までの間、安全に保護される技術です。この技術は情報の暗号化と、その情報を受け取る目的地での暗号化解除を実現します。具体的には、送信される情報は出発地点で暗号化され、目的地である受信者だけがそれを解読できるようになっています。

　Teams会議では、参加者が情報を共有したり、議論を交わしたりすることが多いと思います。このとき、エンドツーエンドの暗号化が有効になっていれば、会議の参加者以外の誰もが通信を聞いたり、表示したりすることは不可能となります。これは、マイクロソフトを含む他の第三者も、暗号化された会話を聞くことはできないということを意味します。つまり情報は参加者間でのみ共有され、そのセキュリティが確保されます。

例えば金融機関では、データ漏えいの懸念がない環境で、財務データや業績について話し合うことができます。教育機関では、生徒の個人データに関する話し合いや共同作業を行うことができます。また医療機関では、患者と医療従事者が、非公開の安全な環境で会話を持つことができます。

以上のように、Teams Premiumのエンドツーエンド暗号化は、ビジネスシーンでの情報共有をより安全に、そしてより効果的に行うための強力なツールとなります。情報漏洩のリスクを減らし、会議参加者のプライバシーを保護することで、円滑で信頼性の高いコミュニケーションを実現します。安全性と信頼性を兼ね備えたこの機能は、今日のビジネス環境で不可欠なものと言えるでしょう。

レコーディングできる人を限定

Teams会議には、会議のレコーディング機能があり、会議の進行をビデオや音声で記録することができます。この記録は後で再生することができるため、会議に出席できなかった人も内容を確認できます。また会議の内容を後から再確認したい時や、議論の詳細を書面で整理する必要がある場合にも役立ちます。

Teams Premiumを使って会議を開催する人は、会議のレコーディングを行うユーザーを制限することができます。これにより、会議の内容が内密に保たれ、必要な人だけがレコーディングにアクセスできるようになります。これは、特に情報漏洩を防ぐために、重要な機能です。

例えば、新製品の開発会議や販売戦略の検討会議など、重要な情報を扱う場面でこれらの機能は有効です。会議の内容をレコーディングすることで、出席できなかったメンバーも会議の内容を把握でき、全員が同じ情報に基づいて仕事を進めることが可能になります。また、会議の進行をレコーディングすることで、重要な決定事項や議論の流れを後から確認することができ、情報の誤解を防ぐことができます。

一方、レコーディングを行える人を限定する機能は、会議の内容をコントロールするために非常に重要です。これにより、取り扱いに注意が必要な情報を含む会議のレコーディングは、信頼できるメンバーのみが行うことができます。これは、情報漏洩のリスクを軽減し、ビジネスの安全性を確保する上で大きなメリットとなります。

以上のように、Microsoft Teamsの会議レコーディング機能と、Teams Premiumのレコーディングを行える人を限定する機能は、ビジネスコミュニケーションをより効果的で安全なものにします。情報共有を促進し、情報の誤解を防止する一方で、必要な人だけがレコーディングにアクセスできるようにすることで、情報の安全性を保つことができます。これらの機能は、現代のビジネス環境で必要不可欠なものであり、Teams Premiumを使うことで、効率的で安全なビジネスコミュニケーションを実現することができます。

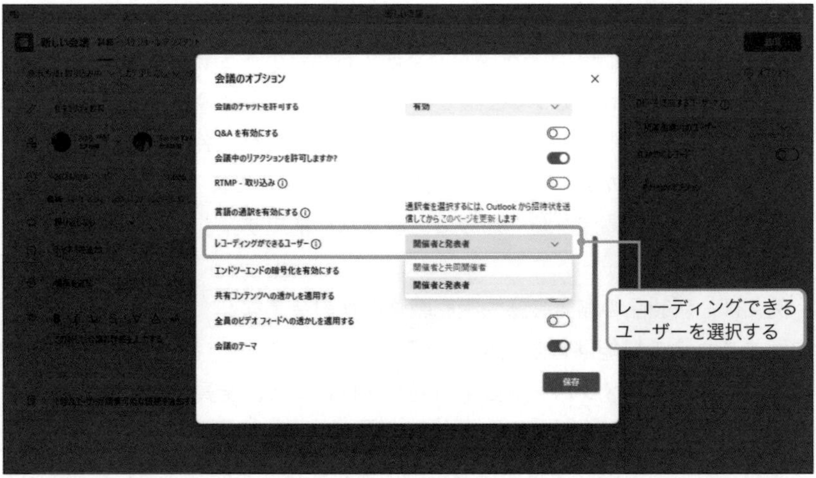

秘密度ラベルで情報を保護/会議チャットでのコピー貼り付けを禁止

現代のビジネス環境では、情報の流出防止やデータの保護は重要な要素となっています。それを実現するための有力なツールの一つが、Teams Premiumの秘密度ラベルという機能です。これは、会議のオプションから適切なラベルを選択することで、会議内容や参加者の情報をしっかりと保護することが可能なシステムです。さらに、会議の目的や重要性を明確にすることができます。

秘密度ラベルの存在は、情報管理の重要性を参加者に認識させ、それを実際に行動に移すきっかけを作ります。情報保護の観点から、これは非常に重要な点であり、この機能があることで会議の安全性や信頼性が大幅に向上します。

会議が開始されると設定された秘密度ラベルに基づいて、会議オプションが自動的に適用されます。これには、チャットの禁止や許可、内容のコピー制限などの機能が含まれています。この自動適用のメカニズムは、ユーザーが毎回設定を確認したり、変更したりする手間を省くとともに、会議の運営をスムーズにする助けとなります。

秘密度ラベルは多くの業界やシーンでの利用が可能です。上級管理職が出席する非公開の会議を設定したり、財務チームが投資家とのやり取りをしたりする際、または人事部門内でのディスカッションや面接時など、さまざまなシーンでの情報保護に役立ちます。

以上のように、秘密度ラベルは情報を保護するための非常に強力なツールです。それぞれの会議やシーンに合わせて適切なラベルを設定することで、情報の保護を強化し業務の効率性を向上させることができます。これは現代のビジネス環境において、重要かつ有用な機能であると言えるでしょう。

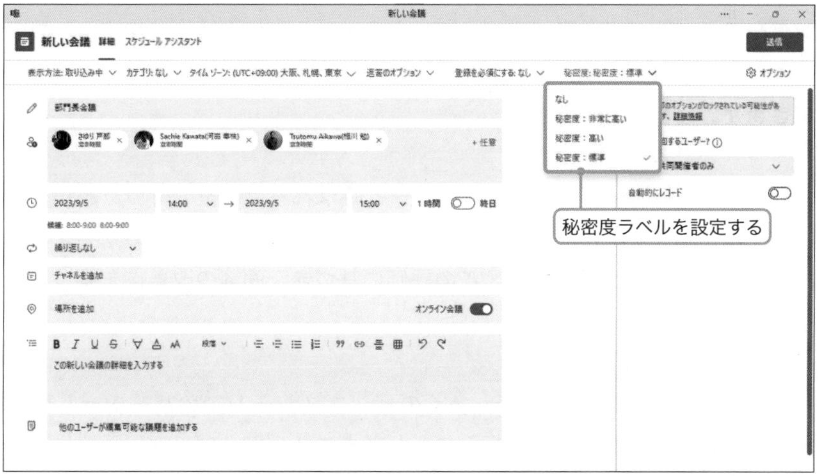
秘密度ラベルを設定する

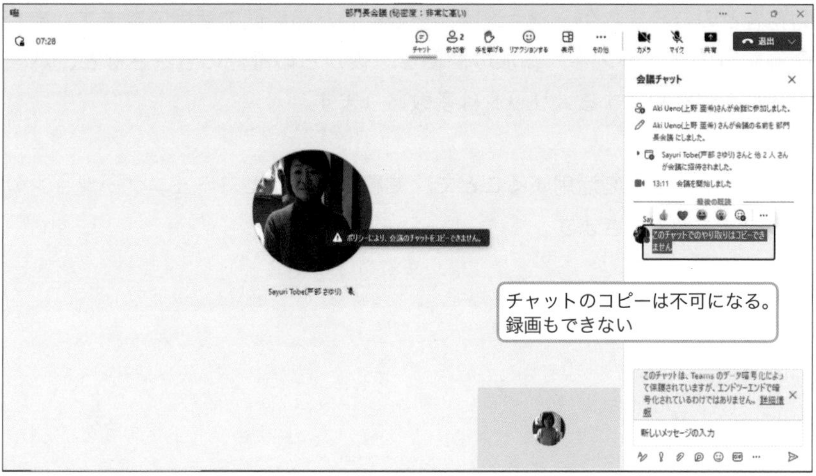
チャットのコピーは不可になる。
録画もできない

バーチャル面談を実現

Teams Premiumには、仮想予定、すなわち「バーチャル面談」を支援するための多くの便利な機能が備わっています。その活用により、業務の効率化やコミュニケーションの向上が期待できます。

バーチャル面談の予約では、顧客は、自分に合った時間を選んで面談を予約できます。予約が完了した際には確認のメールが自動的に送られます。

バーチャル面談の実施では、予約した時間が近づくと、参加者にはリマインダーのメールが送信されます。これらのメールには面談に参加するためのリンクが含まれており、クリック1つで簡単にTeams会議に参加することができます。

Teams Premiumでは、顧客はキューと呼ばれる待合室で待つことができます。またバーチャル面談の分析機能があり、面談の内容やその効果を客観的に評価することができます。この評価に基づき、面談の改善点を見つけ出すこともできます。

これらの機能を駆使すれば、多くのビジネスシーンでのバーチャル面談が、より効率的かつ効果的に行うことができます。例えば、採用面接や遠隔地にいるパートナー企業との商談、社内の異なる部署間の打ち合わせや在宅勤務者とのコミュニケーション等、多岐にわたる場面で活用できます。また情報共有のスムーズさ、参加の簡便さ、後からの確認の容易さなど、バーチャル面談を利用するメリットは多数あります。

バーチャル面談を活用することで、業務の効率化とコミュニケーションの質の向上が期待できます。

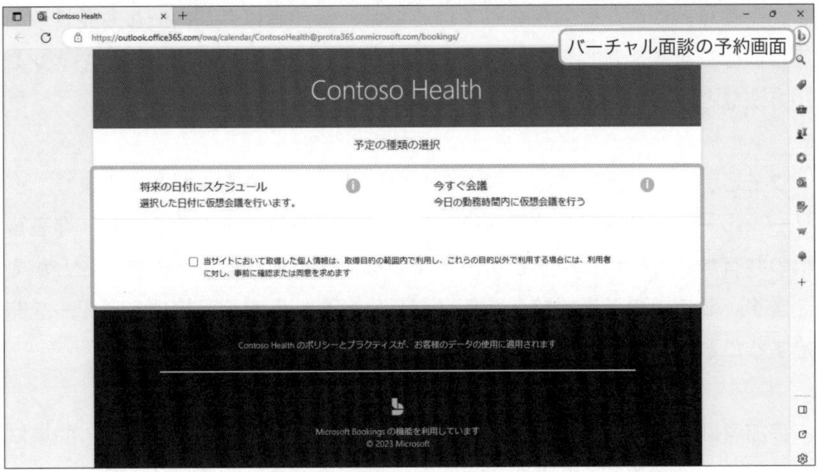

ウェビナーとは

Teams Premiumのウェビナー機能は、ビジネスシーンにおける新たな可能性を拓くツールです。オンラインでのプレゼンテーションやセミナーを実現するための機能が充実しており、ウェビナーの計画から実施、終了後のフォローアップまで一貫してサポートします。

ウェビナーの計画を立てる際、Teams Premiumの機能は大きな助けになります。日時やタイトル、説明を設定することで、ウェビナーの予定を容易に立てることが可能です。参加者の上限数を指定すると、自動的に順番待ちリストが作成され、上限を超えて参加申込みをした人々がそのリストに登録されます。このため、参加者数の管理が容易になります。また、手動承認機能を用いると、参加申し込み者の中からウェビナーに参加させる人を個別に選び出すことも可能です。これにより、参加者の選定に配慮できます。ほかにも「このイベントの順番待ちリストを有効にする」や「登録日を制限する」といった機能があります。

参加者からのウェビナーへの申し込みは、専用の申し込みページから行うことができます。申し込みが完了すると、確認メールが自動的に送信されます。手動承認機能が有効化されている場合、参加者は参加メールも受け取ることになります。これらのメールには、ウェビナーへの参加方法やキャンセル方法など、参加者が必要とする情報が記載されています。

ウェビナーの開催前には、開催者や共同主催者、発表者などが集まり、グリーンルームでの準備や確認を行います。カメラやマイクのテスト、発表資料の共有などを行い、ウェビナーを滞りなく進行できるようにすることができます。ここでの準備が整ったら、グリーンルームから直接ウェビナーを開始することが可能です。

参加者は、参加メールに記載されたリンクをクリックするだけで、簡単にウェビナーに参加することができます。参加者は基本的にカメラやマイクをオフにした状態でウェビナーに入り、主催者や発表者の映像、音声、資料を受け取ります。また、必要に応じて質問やコメントを送ることもできます。

ウェビナーが終了した後は、主催者は参加者の情報をまとめたレポートを確認できます。参加者の名前やメールアドレス、参加時間などが詳細に記録されています。この情報をもとに、参加者へのフォローアップやフィードバックの収集を行うことができます。これにより、ウェビナーの品質向上や、今後のウェビナーの企画に役立てることができます。

以上がTeams Premiumのウェビナー機能の特長とメリットです。これらの機能を活用すれば、ウェビナーの計画から終了後のフォローアップまで、一貫したプロセスを効率よく、かつ効果的に進めることができるでしょう。

第3章

パーソナル化された会議の実施

3-1 会議テンプレートの利用

Teams Premiumでは、組織のIT管理者が会議のカスタムテンプレートを設定すれば、利用者はそれを使うことができます。

Teams会議のカスタムテンプレートは、個々の会議のオプション設定を事前に設定し、保存しておくことができる優れた機能です。これは効率的な会議運営のための強力なツールであり、その利便性は会議の準備から開催、そしてフォローアップまで、会議全体のライフサイクルに渡って効果を発揮します。

さまざまな種類の会議シーンに合わせた設定をあらかじめ保存することができるこのカスタムテンプレートを使用することで、必要に応じて適切なテンプレートを選択し、その設定をそのまま会議に適用することが可能になります。これにより、会議準備の手間と時間を大幅に節約できるだけでなく、会議の進行もスムーズに行うことが可能になります。

カスタムテンプレートでは、セキュリティやコンプライアンスに関する設定も、事前に指定することが可能です。会議の自動レコーディングや、会議チャットの許可・不許可、参加者のマイクやカメラの許可・不許可、そして会議の秘密度ラベルや透かしの適用といった設定は、会議の安全性を高め、参加者のプライバシーを確保する上で重要な役割を果たします。さらにエンドツーエンドの暗号化の使用も可能で、これによりデータの保護とセキュリティ強化が実現します。

利用者がカスタムテンプレートを活用するメリットは大きく3つあります。まず、組織全体で、一貫した会議体験を提供できることです。これにより組織内での会議体験の一貫性が確保され、どの会議オプションを設定したらよいかなどの混乱を避けることが可能になります。次に、コンプライアンス要件を確実に遵守することが、可能となります。特に規制が厳しい業界や、特定のプロトコルの遵守が必要な場面では、この機能は大変有用です。適切なテンプレートを選択して使用することで、会議の準備にかかっていた時間や労力を、大幅に節約することが可能になります。これは会議の開始を遅らせる可能性がある技術的な問題を避けるための重要な手段でもあります。テンプレートを用いることで、同じ設定を繰り返し使用することができ、会議の質を保つことができます。

カスタムテンプレートは、特定の設定を適用したり、既定値を設定したりするために利用されます。テンプレートの各設定をロックしておけば、開催者が誤って設定を変更するリスクを避けることができます。また、設定のロックを解除したままにすることで、各会議の特性に応じて開催者が自由に設定を変更することも可能になります。

このカスタムテンプレート機能は、組織の効率性、一貫性、そしてコンプライアンス遵守を強化する有用なツールと言えます。これは単に会議体験の品質を向上させるだけでなく、組織全体のビジネスプロセスの効率性を向上させるための重要な一歩ともなります。

具体的な利用シーンとしては、営業の場面で企業の機密情報を保護するために、透かしやエンドツーエンドの暗号化のオプションが既定で有効化されている会議テンプレートの使用、教育機関で教師の設定エクスペリエンスを簡素化するためのクラスや講義用のテンプレートの利用、そして採用活動で面接が録画されたり、チャットの内容がコピーされたりしないようにするためのテンプレートの活用などが考えられます。

このように、Teams Premiumの会議のカスタムテンプレート機能は、あらゆる業界やシチュエーションに対応するための強力なツールとなります。それぞれのテンプレートを活用することで、会議の準備から開催、さらにはフォローアップまで、会議の全体的な品質を向上させ、効率性を高めることが可能となります。

またこの機能は、特定の会議のニーズに応じて、柔軟に設定を適用することも可能です。たとえば、特定の会議では自動レコーディングを必要としない場合でも、その他の会議では必要とする場合など、会議の性質によって設定を変えることが可能です。これにより必要な設定を活用しながら、余分な設定を適用することなく、会議の品質を保つことができます。

これらの機能とメリットにより、Teamsのカスタムテンプレートは、あらゆる組織で効率的で一貫した会議体験を実現するための強力なツールとなります。それは会議の開催者であろうと参加者であろうと、皆が質の高い会議体験を得ることを可能にします。

IT管理者が設定したカスタム会議テンプレートをユーザーが使用する方法は以下の通りです。

1. Teamsデスクトップクライアントで、[カレンダー] をクリックします。
2. [新しい会議] の▽から [カスタムテンプレート] を選択し、使用するテンプレートをクリックします。

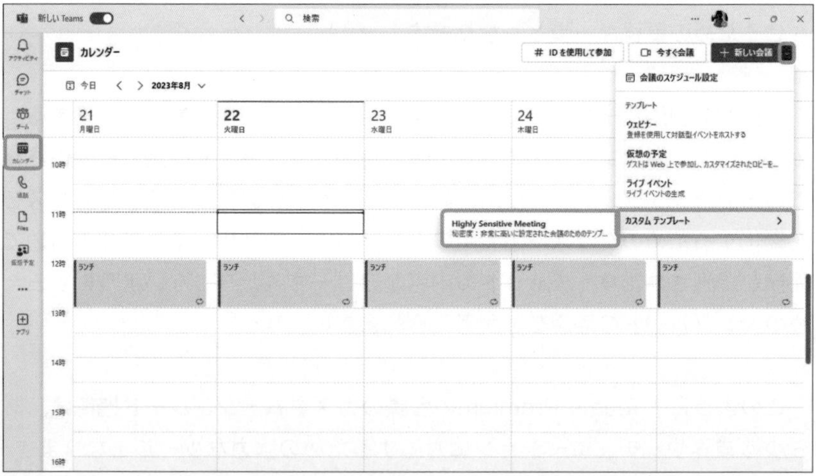

3. 会議のタイトルや必須出席者、日時、本文などを入力します。
4. 右側の [オプション] を確認したり、変更したりします。
5. [送信] をクリックします。

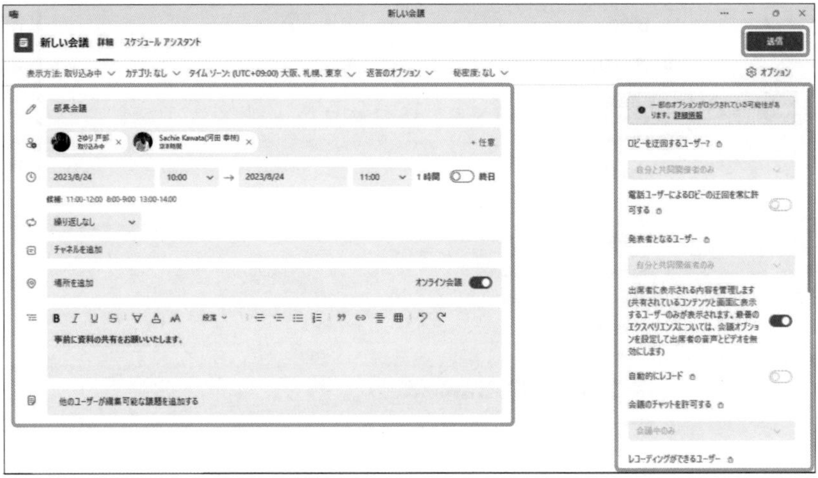

6. 会議がカレンダーに登録されます。会議の開始時間になったら、「参加」ボタンをクリックして、会議に参加します。

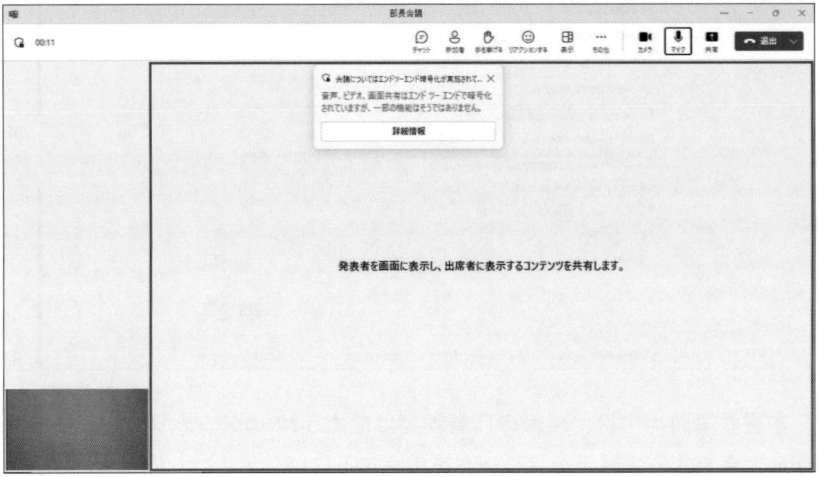

会議のオプションを確認したり、ロックされていない項目を設定したりするには、会議を編集します。

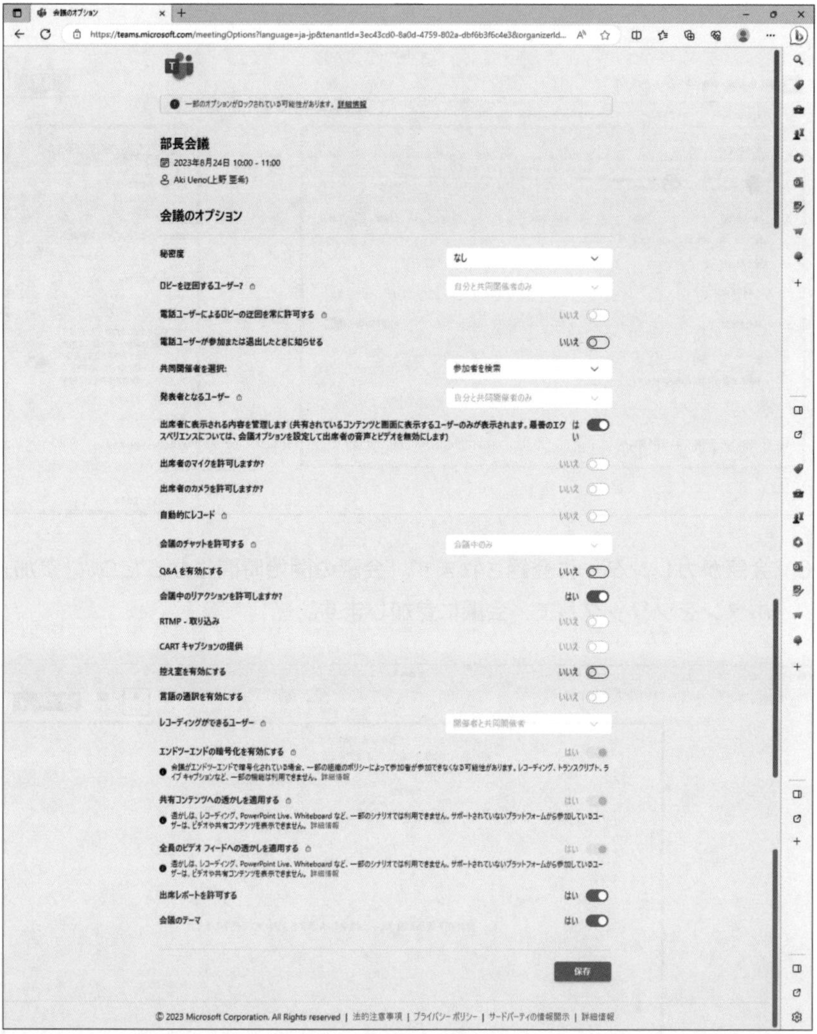

本書執筆時点では、組織のIT管理者は最大50のカスタムテンプレートを作成できます。会議テンプレートを設定するには、テナント内の1人以上のユーザーにTeams Premiumライセンスが割り当てられている必要があります。また、会議テンプレートで、次のような会議オプションを制御できます。

会議のオプション設定	説明
秘密度ラベルを適用	会議に秘密度ラベルを適用します。
ロビーをバイパスできるユーザー	ロビーをバイパスして会議に直接参加できるユーザーを指定します。
電話ユーザーが参加または退出したときに知らせる	電話で通話しているユーザーが会議に参加または退出するときにサウンドが再生されるかどうかを指定します。
出席者に表示される内容を管理する	会議の開催者が、他の会議参加者に表示される前に、画面で共有されているコンテンツをプレビューおよび承認できるかどうかを指定します。
出席者のマイクを許可する	出席者がマイクを使用できるかどうかを指定します。
出席者のカメラを許可する	出席者がカメラを使用できるかどうかを指定します。
会議を自動的に記録する	会議を自動的に記録するかどうかを指定します。
会議のチャットを許可する	会議チャットを使用できるかどうかを指定します。会議の前後のチャットを防ぐためにも使用できます。
Q&Aを有効にする	出席者がQ&A機能を使用して会議中に質問できるかどうかを指定します。
会議中のリアクションを許可する	出席者がリアクションを使用できるか、会議で手を挙げることができるかを指定します。
エンドツーエンドの暗号化	会議がエンドツーエンドで暗号化されるかどうかを指定します。
共有コンテンツの透かしを適用する	共有したコンテンツに透かしを適用するかどうかを指定します。
全員のビデオ フィードへの透かしを適用する	ビデオに投影されている内容に透かしを適用するかどうかを指定します。

3-2 会議のテーマ

Teams Premiumでは、組織のIT管理者が設定することで、利用者は会議のテーマを利用することができます。

Teams会議の会議テーマは、ブランド認識と一貫性を保つための有効な手段です。Teams会議画面に組織のロゴ、特定の画像、さらには特定の色調を表示することが可能で、これにより会議がどの組織から主催されているのかを、すぐに識別できます。Teams会議参加画面、マイクやカメラなどの会議コントロール、ロビー待ち画面といった、画面に表示される主要な部分すべてに適用されるため、会議全体を通してブランド認識度を維持することができます。

このようなブランド化された会議オプションは、さまざまな業界やシチュエーションに適用できます。医療、金融機関、小売業界などで、顧客や外部との会議の際に、第一印象としてプロフェッショナリズムを感じてもらえるようにすることが可能です。企業では、社内会議や外部との会議空間に一貫したデザインとエクスペリエンスを採用することで、ブランドへの愛着や誇りを高め、企業文化を醸成することができます。さらに金融機関などでは、会議ロビーに自社ブランドの要素を表示させることで、財務情報を扱う会議で顧客から信頼を得られるようにすることが可能です。

ブランド化の成功の秘訣は次の通りです。まず、組織が所有している正式な画像などのリソースのみを使いましょう。また、ブランディングのチームと一緒に、会議のテーマが組織のニーズに合うようにしましょう。アクセシビリティを考慮したデザインを作ることも大切です。さらに、どんなデバイスでも良く見えるように、高品質のビジュアルを使用することも重要です。最後に、Teams会議は自社のデジタルな玄関と考え、参加者全員に良い印象を与えるようにしましょう。

ただ、すべてのTeams会議がブランディングを必要とするわけではありません。そこで、Teams Premiumでは、組織のIT管理者が許可すれば、会議の開催者が必要に応じて会議テーマをオフにすることも可能です。これにより、会議の内容や目的に最も適した設定を、選択できる柔軟性が提供されます。

Teams Premiumの会議テーマ機能は、ビジネスコミュニケーションの一部として、組織のブランドイメージを強化し、参加者に印象的な体験を提供するための強力なツールとなります。組織の一貫性を保つだけでなく、会議のエンゲージメントを高め、全体的なコミュニケーションの質を向上させる助けとなります。

※本書執筆時点では、新しいTeamsでは提供されていないため、従来のTeams画面です。

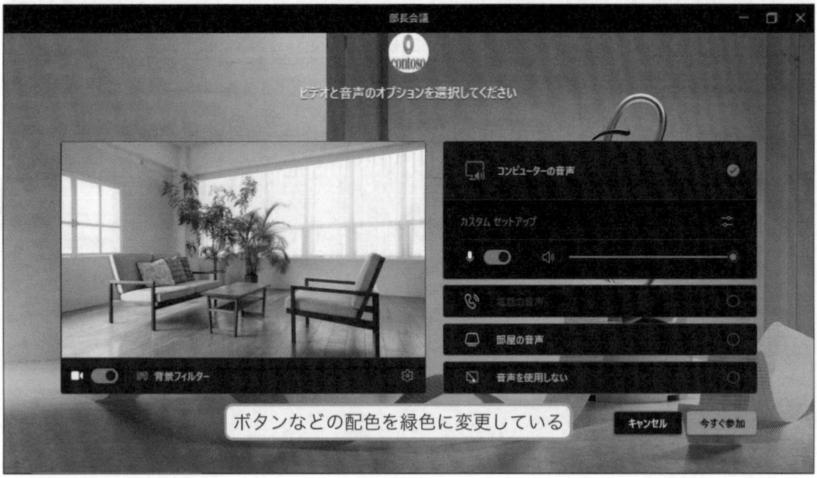

ロビー画面

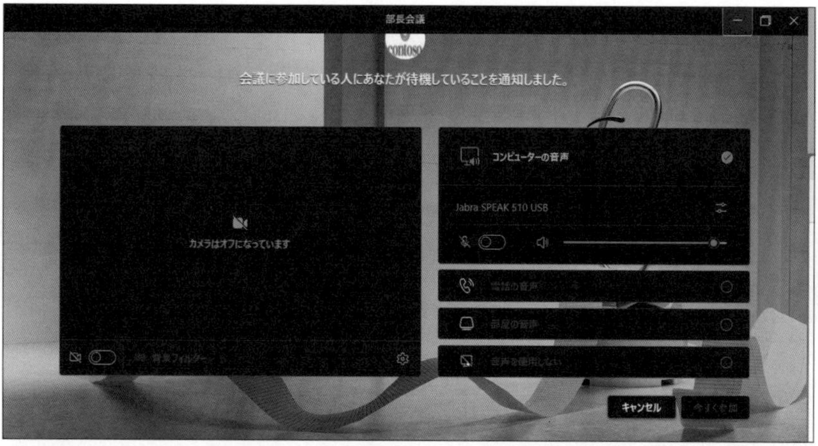
部長会議
会議に参加している人にあなたが待機していることを通知しました。
カメラはオフになっています
コンピューターの音声
Jabra SPEAK 510 USB
キャンセル

会議画面

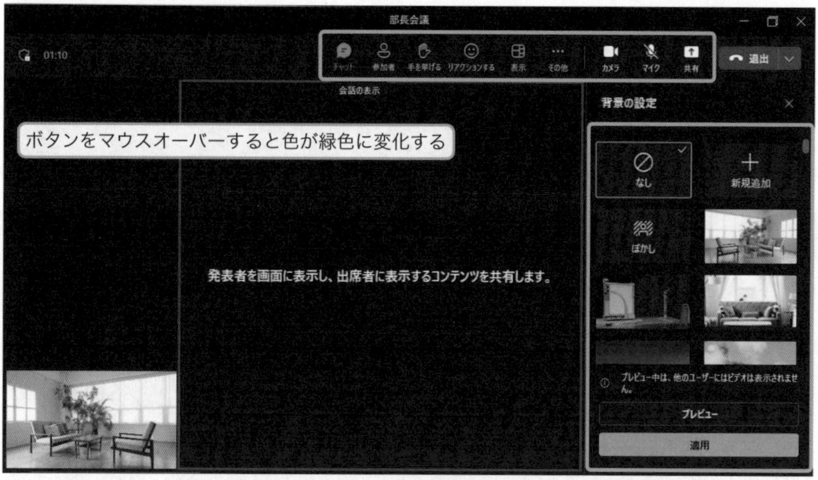
部長会議
01:10
チャット
参加者
手を挙げる
リアクションする
表示
その他
カメラ
マイク
共有
退出
会話の表示
ボタンをマウスオーバーすると色が緑色に変化する
発表者を画面に表示し、出席者に表示するコンテンツを共有します。
背景の設定
なし
新規追加
ぼかし
プレビュー中は、他のユーザーにはビデオは表示されません。
プレビュー
適用

3-3 カスタム会議背景

Teams Premiumでは、組織のIT管理者が設定することで、利用者は、カスタム会議背景を使うことができます。

従来のTeamsでも、Teams会議時のビデオフィードの背景として、標準で用意されている既定の画像を利用できます。また、組織のIT管理者が許可すれば自分で背景画像をアップロードすることもできます。ただ、自宅や公共の場所から作業している場合、背後の環境がプロフェッショナルでないことがあったり、またはプライベートなものが映り込んでしまったりする可能性があります。このような状況において、ビデオフィードの背景は一種のプライバシーシールドとして機能し、個人のプライバシーを保護しながらもプロフェッショナルな印象を維持することができます。

加えてTeams Premiumのカスタム会議背景があれば、会社名やロゴなどが含まれる画像を組織共通のものとして使用することができます。日常的なオンライン会議はもちろん、商品紹介のセミナーや記者会見などで会社のブランドの印象付けからプライバシー保護まで、多様なシチュエーションに対応可能な有用なものといえます。

カスタム会議背景を使用することにより、会議のビジュアル面での一貫性がさらに強化され、参加者に感じさせる組織の一体感やブランドアイデンティティをさらに深化させることができます。これらの視覚的要素は、組織のプロフェッショナリズムと一貫性を際立たせ、参加者に印象的な体験を提供します。

※本書執筆時点では、新しいTeamsでは提供されていないため、従来のTeams画面です。

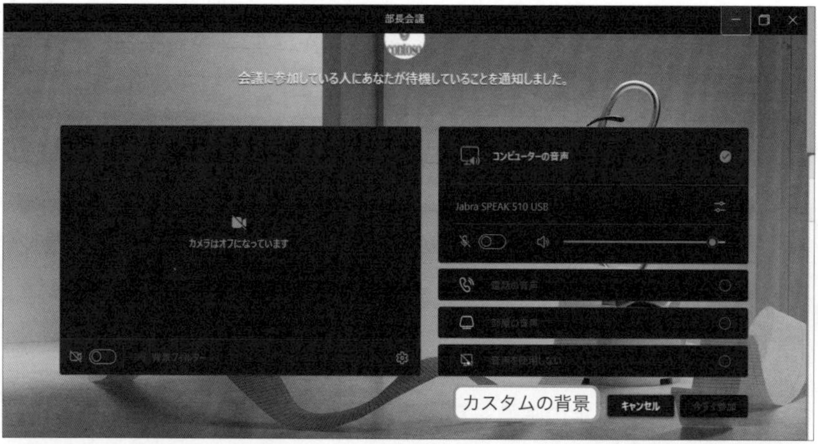

カスタム背景が適用された画面

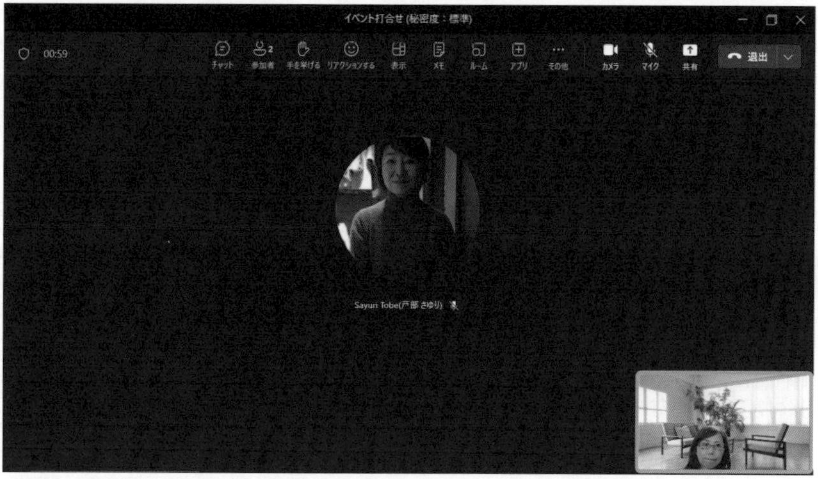

他のユーザーから見える画面

3-4 グリーンルーム(控室)の設置

Teams Premiumでは、参加者が会議に参加する前に自身のビデオや音声の状態を確認できるという革新的な機能、「グリーンルーム」(控室)を提供しています。この機能は、Teams Premiumの全利用者が使うことが可能で、これによりオンライン会議の前に自分の設定を確認し、必要に応じて適切な調整を行うことが可能になります。

グリーンルーム(控室)機能の特筆すべき利点は数多く存在しますが、その中でも最も注目すべき点は、会議が始まる前にビデオと音声の品質をチェックできるという点です。これにより、会議の進行中に予期せぬ技術的なトラブルが発生する可能性を大幅に低減することが可能になります。参加者は、自分のマイクが適切に機能しているか、音声が十分にクリアであるかを確認することができます。また、自身のカメラが正しく作動しており、映像がはっきりと映し出されているかも確認できます。これらすべての事前チェックが、会議の流れをスムーズに保ち、生産的なディスカッションを可能にします。

さらに、グリーンルーム(控室)は、背景や照明、カメラの角度といった環境要素を調整する機会も提供します。これにより、出席者は最適な映像表現を確保するために、自分自身の周囲の環境を適宜調整することが可能になります。適切な照明は、ビデオフィードを鮮明にし、プロフェッショナルな雰囲気を醸し出すのに役立ちます。さらに背景の選択と調整も可能なため、プライバシーの保護を確保しつつ、参加者が集中して会議に臨むことを支援します。

また、グリーンルーム(控室)は会議参加者が集中力を高め、心の準備を整えるための場を提供します。この時間を使って自分自身をリセットし、次の会議に向けて意識的にエネルギーを集中させることができます。心の準備が整っていることは、生産的で効果的な会議を遂行するための重要な要素と言えます。

ウェビナー当日、会議の開催者と発表者は、グリーンルーム（控室）に招待され、他の出席者とは別の専用スペースで、リアルタイムの情報交換、コンテンツの準備、簡単なブリーフィング、ウェビナーのリハーサルを行うことができます。ウェビナーが始まると、チャットやQ&A（有効な場合）を通して発表者や他の出席者との交流を楽しむことができます。

グリーンルーム（控室）の設定を会議開催者が行い、開催者、共同開催者、定義済みの発表者はイベント開始前にアクセスが可能です。イベントが正式に開始されるまで、すべての出席者のスクリーンにウェルカム画面が表示されます。

本書執筆時点では、グリーンルーム（控室）の同時定員は100名までとなっています。

結論として、Teams Premiumのグリーンルーム（控室）機能は、オンライン会議の準備と実施をスムーズに進めるための重要なツールとなります。この機能により、ビデオや音声の技術的な問題を事前に検出し、修正することが可能となり、さらに、個々の参加者がプロフェッショナルで適切な環境を設定し、自身の心を落ち着かせて会議に集中するための時間を得ることが、可能になります。これらすべてが、Teams会議をより効果的で生産的なものにするための鍵となります。

グリーンルーム（控室）をユーザーが使用する設定は、次の通りです。

1. Teamsデスクトップクライアントを開きます。
2. 参加する予定の会議を［編集］します。
3. ［会議のオプション］をクリックします。
4. ［発表者］ドロップダウンから［特定のユーザー］を選択して、発表者を指定します。または［自分と共同開催者のみ］を選択します。

5. ［発表者の選択］フィールドに発表者名を入力します。
6. ［控え室を有効にする］をオンにします。
7. ［保存］をクリックします（ここまでは会議開催者が設定します）。

8. 会議に参加する時間になったら、参加します。
9. グリーンルーム（控室）が表示されます。自分のビデオや音声の状態を確認し、必要なら設定を変更します。
10. ［会議を開始］をクリックします（ここまでは会議開催者が設定します）。

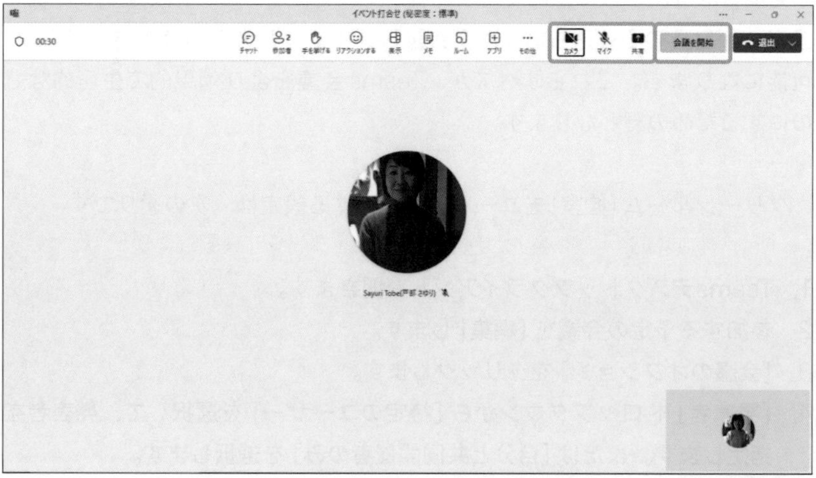

この機能を活用して、よりスムーズで快適な会議を体験しましょう。

参加者の画面

第 4 章

AI搭載の会議で仕事をスマートに

4-1 会議の言語を翻訳して字幕表示

Microsoft Teamsは「ライブキャプション」という画期的な機能を備えています。これは、Teams会議で話される音声をリアルタイムに文字に変換し、その文字を字幕として画面に表示するというものです。この機能を活用することで、会議の進行中に交わされる情報を一つも見逃すことなく、的確に把握することが可能になります。また、聞き取りが難しい発言者の言葉も、明確に理解することができます。さらにこの機能は聴覚に障害を持つ方や、特定の外国語の発音になれていない方々にとって大変有用です。

Teams Premiumを使用すると、ライブ翻訳されたキャプションというさらに進んだ機能を利用することができます。これは、発言をリアルタイムで別の言語に翻訳し、それを字幕として画面に表示するという機能です。この機能を利用すれば、外国語での発言を自分自身が理解しやすい言語で理解することが可能になります。

この驚くべき機能の裏側には、MicrosoftのAIテクノロジー、具体的にはAzure Cognitive Servicesが搭載されています。このAIテクノロジーのおかげで、ライブキャプションは、言語をリアルタイムで翻訳することができます。これにより、言語の障壁を感じることなく積極的に参加が可能になります。また、ライブ翻訳されたキャプションには、発言者の属性も表示されるため、どのような発言が誰から出たのかを一目で確認することができます。

Teams Premiumのライセンスを持つ会議の主催者がいる場合、その会議に参加する全員が、ライブ翻訳されたキャプションを利用することができます。他の参加者の発言内容を明確に理解しつつ、メモを取るというシチュエーションも対応可能です。また、保護者面談で保護者の母国語が現地語と異なる場合など、さまざまなシチュエーションに対応できます。このように、

Microsoft Teamsの機能を活用すれば、よりスムーズなコミュニケーションが実現します。

ライブ翻訳されたキャプションをユーザーが使用する方法は以下の通りです。

1. Teams会議に参加します。
2. 画面上部のコントロールバーにある[その他のオプション](三点リーダー)をクリックします。
3. [言語と音声]をポイントし、[ライブキャプションをオンにする]を選択します。

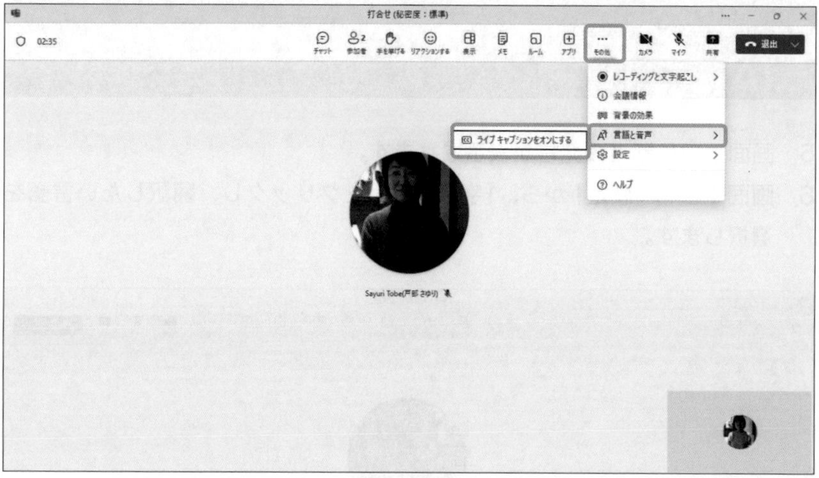

4. [みんなが話している言語は何ですか] から言語を選択します。

5. 画面下部に話者の発言が表示されます。
6. 画面下部の [設定] から、[字幕言語] をクリックし、翻訳したい言語を選択します。

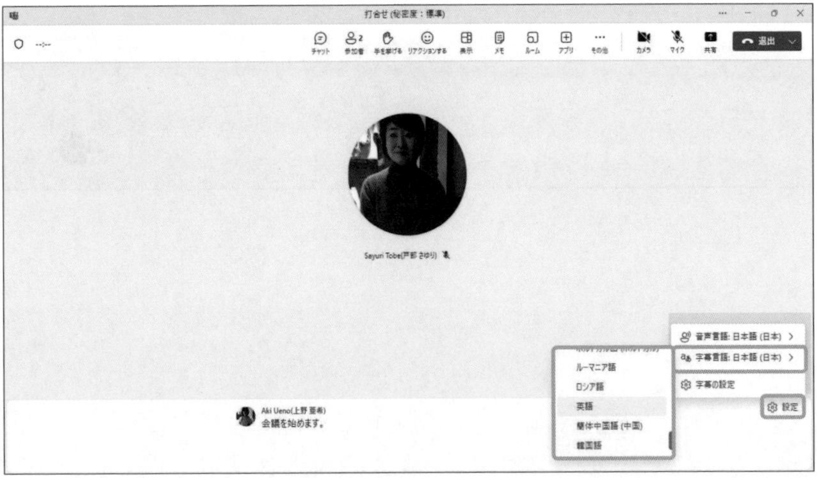

7. 選択した言語で翻訳されます。

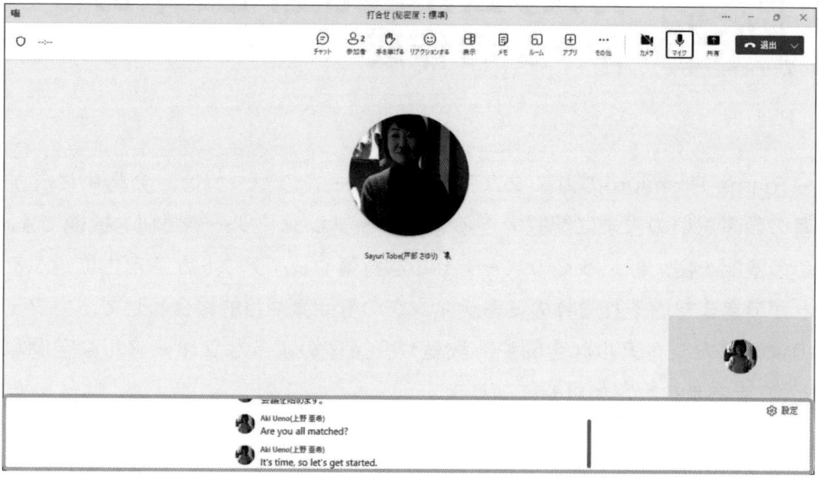

8. ライブ翻訳されたキャプションをオフにする場合は、同じ手順で［その他のオプション］（三点リーダー）から、［言語と音声］をポイントし、［ライブキャプションをオフにする］を選択します。

以上がライブ翻訳されたキャプションの使用方法です。キャプションを活用して、よりスムーズなコミュニケーションを行いましょう。

なお、Teams会議の出席者がこの機能を使用するには、Teams会議の開催者がTeams Premiumのライセンスを所有している必要があります。

4-2 カスタムTogetherモードのシーンの作成

Teams PremiumのカスタムTogetherモードのシーンは、会議中に参加者の顔を思いのままに配置できるユーザーフレンドリーで便利な機能です。この機能を使えば、多くのバーチャルな背景やレイアウトから自由に選ぶことができます。それぞれのミーティングの雰囲気や目的に合わせて、カフェのようなカジュアルな空間や、教室や会議室のようなフォーマルな空間など、さまざまな設定が可能になります。

カスタムTogetherモードのシーンを使用することで得られる利点は多数あります。一つには、参加者同士の親近感や一体感が高まることです。これは、リモートワークやオンライン会議が主流となる現在において非常に価値ある要素です。また、ミーティングの目的やテーマに応じて雰囲気や印象を変えることができます。さらに、自分だけのオリジナルなシーンを作成し、個性や創造性を発揮する機会も得られます。

シーンスタジオ

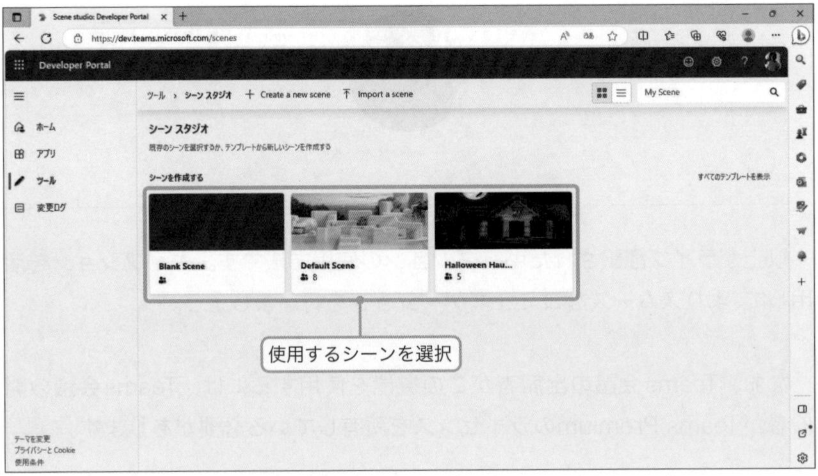

Togetherモードのカスタムシーンを使えば、Teams会議の参加者全員が、実際にその場にいるかのような体験をすることができます。デジタル技術を利用してすべての参加者を一つのバーチャル空間にまとめ、各参加者の映像をシーン作成者が事前にデザインした場所に配置します。これにより、実際に皆で同じ場所にいるような体験を提供し、参加者同士のつながりを強化します。

※本書執筆時点では新しいTeamsでは提供されていないため、従来のTeams画面です。

なお、本書執筆時点では、このカスタムTogetherモードのシーンを活用するためには、すべての参加者がTeams Premiumライセンスを持つことが必要です。

この機能は、例えば社内のワークショップやブレインストーミングでの活用が考えられます。これらの会議は、自由な発想と意見の共有が重要になりますが、一般的なビデオ会議ではその雰囲気作りが難しくもあります。しかし、この機能を使えば、参加者を仮想のカフェやラウンジ、公園など、自由な意見交換がしやすいシーンに配置できます。これにより、参加者はよりリラックスして意見を出しやすくなり、クリエイティブな議論が生まれやすくなることでしょう。

また、大型の企業イベントや講演会で使用するのはいかがでしょうか？　多くの参加者がいる場合、個々のビデオ画面ではなく、1つのシーンに全員をまとめることで、一体感を生み出しやすくなります。また、舞台やオーディトリアムなど、イベントにふさわしいシーンを設定することで、現場にいるかのような雰囲気を作ることができます。

Togetherモードのシーンを作成方法の詳細は、次のURLを参照してください。

TeamsでのカスタムTogetherモードのシーン

https://learn.microsoft.com/ja-jp/microsoftteams/platform/apps-in-teams-meetings/teams-together-mode

Teams PremiumのカスタムTogetherモードのシーンは、会議の効率性と一体感を高めるための強力なツールとなります。この機能を使って、クリエイティブで生産的なコミュニケーション環境を構築し、Teamsでの会議体験をより良いものにしましょう。

4-3 PowerPoint Liveチャプター

PowerPoint Liveは、Teams会議でPowerPointプレゼンテーションを行うときの優れたサポートツールです。まず､この機能の大きな特徴の一つは、プレゼンターがスライドの移動やズームなどの操作を自由に行えるということです。プレゼンターは思うままにプレゼンテーションを進行することができます。また、参加者も自分のペースでスライドを見たり、字幕や翻訳を利用したりできます。

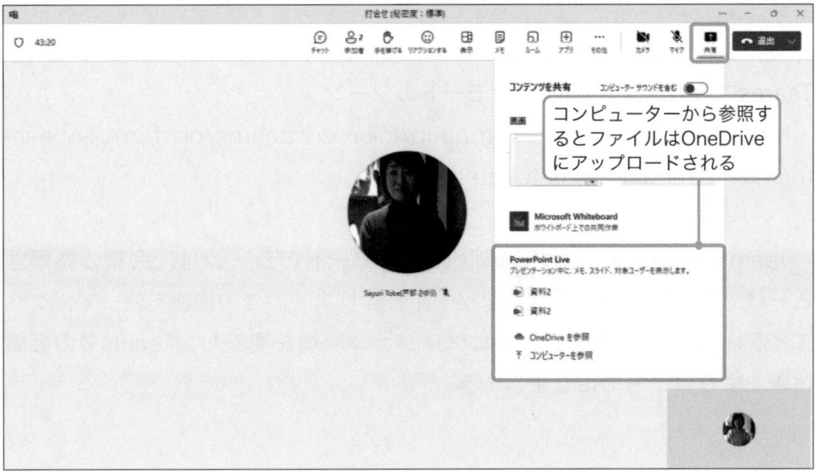

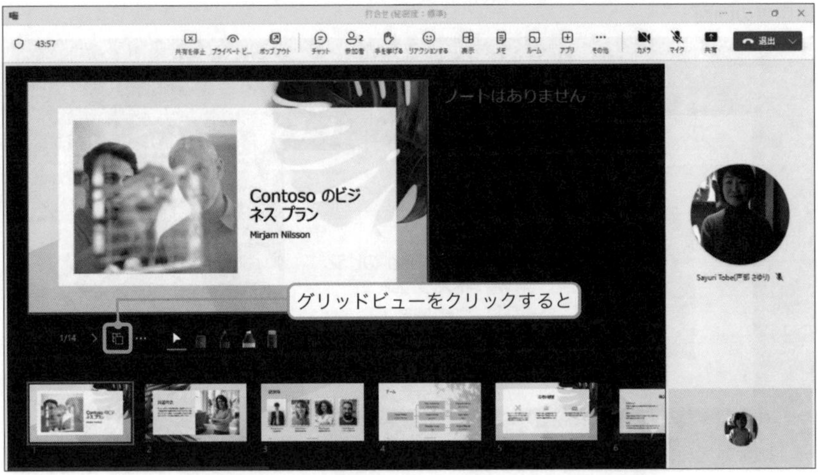
43:57
共有を停止
プライベートビ…
ポップアウト
チャット
参加者
手を挙げる
リアクションする
表示
メモ
ルーム
アプリ
その他
カメラ
マイク
共有
退出
ノートはありません
Contoso のビジネス プラン
Mirjam Nilsson
グリッドビューをクリックすると
1/14
Sayuri Tobe(戸部 さゆり)

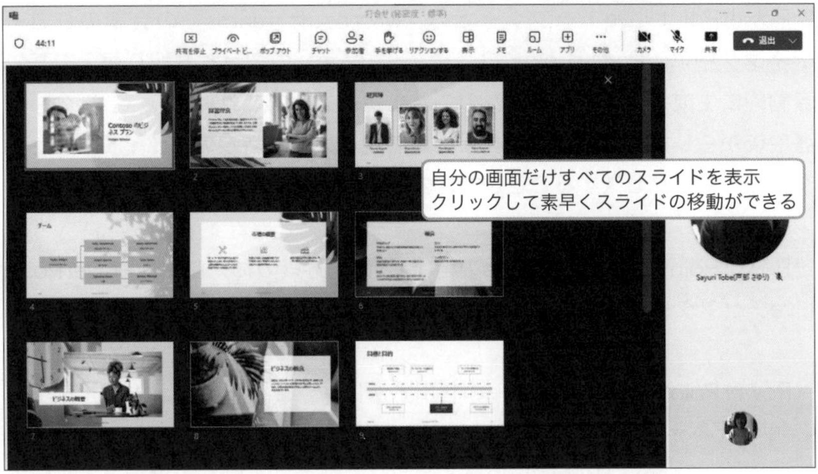
44:11
共有を停止
プライベートビ…
ポップアウト
チャット
参加者
手を挙げる
リアクションする
表示
メモ
ルーム
アプリ
その他
カメラ
マイク
共有
退出
自分の画面だけすべてのスライドを表示
クリックして素早くスライドの移動ができる
Sayuri Tobe(戸部 さゆり)

出席者の画面

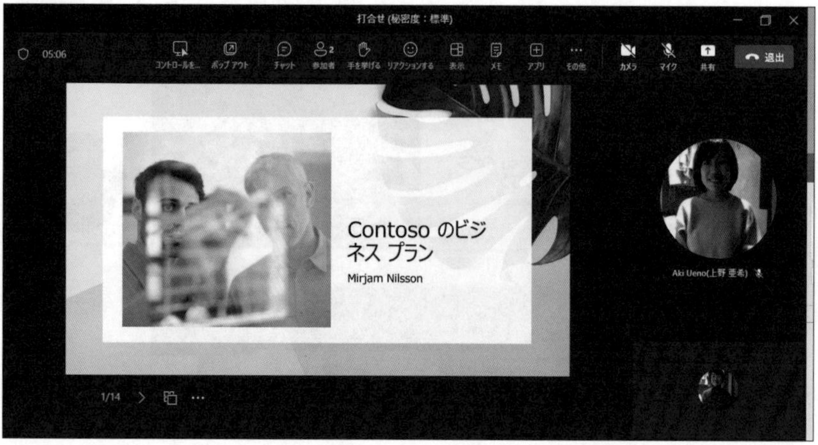

PowerPoint Liveチャプターとは、Microsoft Teamsでの会議のレコーディング中に、PowerPointプレゼンテーションのスライド切り替えを基に自動的に生成されるセクションのことを指します。これにより、会議の参加者や後からレコーディングされた動画を見る人が、特定のスライドやトピックに簡単にアクセスすることができます。

PowerPoint Liveが、Teamsの標準機能であるのに対して、PowerPoint Liveチャプターは、Teams Premium機能となります。

PowerPoint Liveチャプターの利用方法は非常に簡単です。まず、Teams会議でPowerPointプレゼンテーションを共有し、会議のレコーディングを行います。Teams Premiumのライセンスを持つユーザーの場合、この会議のレコーディングから自動的にPowerPoint Liveチャプターが生成されます。これにより、レコーディングされた動画で関連するコンテンツを簡単に見つけて、再生することができます。

レコーディングされた動画を再生する場合、Teams会議チャットから再生する方法と、直接Streamから再生する方法があります。チャットから再生する場合は、Teams会議のチャットにあるリンクをクリックして再生できます。本書執筆時点では、［Streamで開く］からStreamに遷移すると、Teams Premiumの場合、右側にチャプターが表示されます。

会議チャットからの再生

Streamからの再生

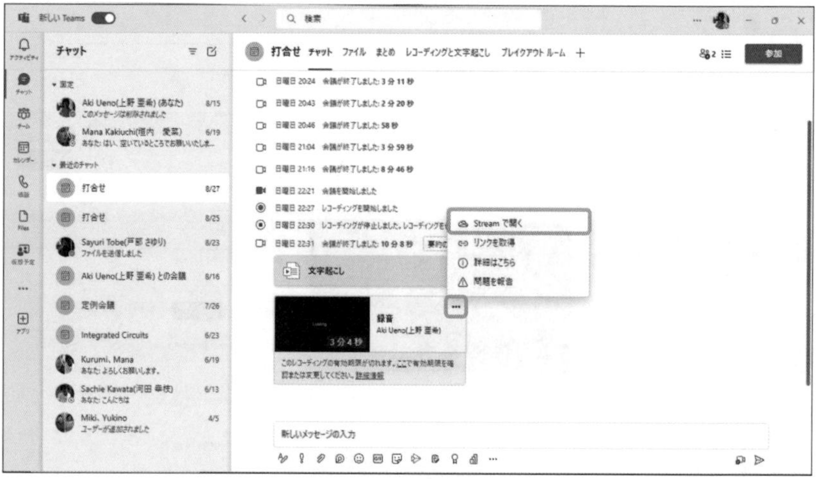

なお、Streamでは、チャプターを編集することができます。詳細は次のURLを参照してください。

Streamでのビデオでの手動チャプターの使用（SharePoint上）
https://support.microsoft.com/ja-jp/office/8bbf61eb-c00b-42b5-a514-cce2e45eb6ea

ガイドラインのいくつかを知ることで、PowerPoint Liveチャプターがどのように生成されるかの理解に役立ちます。本書執筆時点では、PowerPoint Liveチャプターは、PowerPoint LiveでPowerPointプレゼンテーションが共有されたTeams会議のレコーディング時にのみ作成されます。チャプターは、5秒以上表示したスライドから作成されます。最大25章が作成され、同じタイトルの連続するスライドは同じ章にグループ化されます。

以上が、PowerPoint Liveとそのチャプターについての説明です。これにより、Teams会議でのPowerPointプレゼンテーションが、より簡単でスムーズに行えます。そして、それぞれの参加者が自分自身の理解度に合わせてプレゼンテーションを見ることができ、結果としてTeams会議での情報共有がより効率的で精算的になります。

4-4 インテリジェントな会議の要約

Teams PremiumのTeams会議の要約を使用すると、会議の内容をテキストとして確認できます。要約には会議の参加者、発言者、発言内容、共有されたファイルやリンクなどが含まれます。要約は会議の終了後に自動的に作成され、チャットウィンドウに表示されます。

会議の要約とは何かを理解するために、まずは私たちが普段行う会議について考えてみましょう。会議は、ビジネスでのコミュニケーションの中心的な要素です。重要な決定が行われ、新しいアイデアが生まれ、コラボレーションが行われます。しかし、会議の内容をすべて覚えておくのは難しく、特に重要なポイントやアクションアイテムを見落とすことは、ビジネスにおいて大きな問題となります。

そこで役立つのがTeams PremiumのTeams会議の要約機能です。この機能は、人間が持つ記憶の限界を補うために設計されています。AIが会議の内容を理解し、要約を生成することで、参加者は会議後もその内容を容易に参照することができます。特に、大きなチームや複数のプロジェクトを管理している場合、この機能は非常に価値のあるツールとなります。

会議の要約は、会議の内容を振り返ることができるため、後から議題や議論を再確認する際に便利です。また、会議に参加できなかった人や途中から参加した人にとっても、会議の流れや結果を把握する手段となります。重要な情報や資料を見逃さないようにするためにも、要約を利用することが重要です。会議で決定されたアクションアイテムや次回の予定などを要約にまとめておけば、参加者はそれらを確認し、タスクの進捗を把握することができます。要約は、会議の効果的な運営や情報共有に役立ち、全体の理解を促進する貴重なツールとなります。

会議の要約で、最初にAIは会議のレコーディングを自動的に章に分割します。これは、要約の一部として、会議の特定の部分に簡単にアクセスできるようにするためのものです。この章分けにより、特定のトピックや討論が行われた時間を瞬時に特定でき、情報をすばやく見つけ出すことが可能になります。

（出典：日本マイクロソフト、https://support.microsoft.com/ja-jp/office/microsoft-teams-%E3%81%A7%E3%81%AE%E4%BC%9A%E8%AD%B0%E3%81%AE%E8%A6%81%E7%B4%84-c2e3a0fe-504f-4b2c-bf85-504938f110ef）

次に、AIはメモやタスクを自動的に生成します。これは会議中に討論された内容から、主要なポイントや行動が必要なアイテムを抽出し、それをメモやタスクとして保存します。これにより、会議が終了した後でも、会議の結果とその影響を簡単に確認できます。

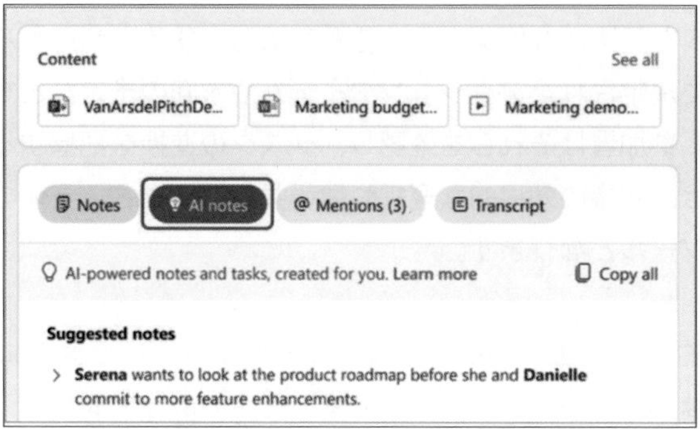

また、パーソナライズされたタイムラインマーカーと、発言者のタイムラインマーカーも利用できます。これらは、会議のレコーディングにおける重要な瞬間を強調し、特定のポイントにすばやくジャンプするためのものです。会議の中で自分の名前が呼ばれたときや、特定の人が発言したときなど、その時点を特定しやすくします。

（出典：日本マイクロソフト、https://support.microsoft.com/ja-jp/office/microsoft-teams-%E3%81%A7%E3%81%AE%E4%BC%9A%E8%AD%B0%E3%81%AE%E8%A6%81%E7%B4%84-c2e3a0fe-504f-4b2c-bf85-504938f110ef）

これらの機能は、Teams Premiumのライセンスを持つすべてのユーザーが利用可能で、その利便性と効率性は、ビジネス環境でのコミュニケーションを劇的に改善します。

Teams Premiumの会議の要約機能は、効果的な会議を行い、それを維持するための強力なツールです。この機能を使用することで、会議の内容を容易に理解し、その結果を効率的に利用することができます。

なお、本書執筆時点では、Teams Premiumの会議の要約機能を日本語で使用できる環境は、まだ提供されておりません。ここで記載した仕様も今後変更の可能性があります。

Teams PremiumのTeams会議の要約は、効率的かつ効果的なコミュニケーションをサポートする機能です。ぜひご活用ください。

Column

Microsoft 365を数年間にわたって利用されている方々は、使い始めた当初と比較して、Microsoft 365が驚くほど進化してきていることを日々実感されているのではないでしょうか？　そして今、さらにとんでもなく進化しようとしています。

マイクロソフト社では、あらゆる製品やサービスにAIを実装することをアナウンスしています。本書においては、第1章でご紹介したMicrosoft 365 Copilotや第4章でご紹介したインテリジェントな会議の要約など、Microsoft TeamsやTeams Premiumでもその潮流は随所に見受けられます。

その中でもMicrosoft 365 Copilotは、生成AIすなわち、大規模言語モデル(LLM)の力とMicrosoft Graph内のデータやMicrosoft 365のアプリとを組み合わせて、最も強力な生産性向上ツールとして使えます。

Microsoft 365 Copilotを使う場合は、社内のデータについての質問をしても、AIが使用する大規模言語モデル(LLM)のトレーニングに使用されることはありません。しかし、無料版のChatGPTの場合、入力した内容や出力された結果は、既定ではLLMのトレーニングに使用されるため、情報漏洩などの懸念から、企業としては使いにくいというのが実際のところです。

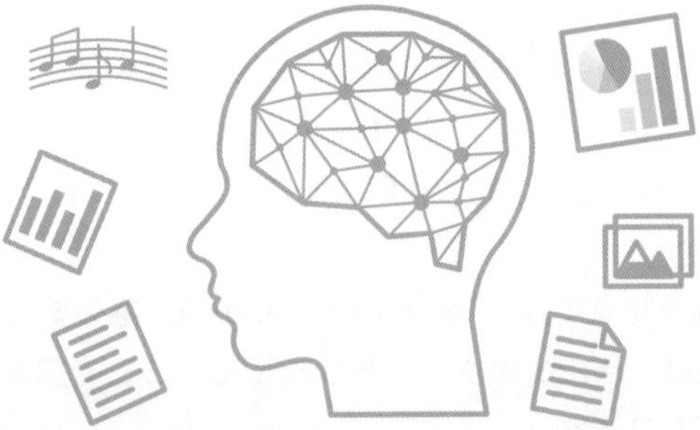

そこで、エンタープライズ企業では、生成AIの活用のために、いわゆる社内版ChatGPTを開発し、社員教育を始めているところも数多くあります。また、中小企業で社内版ChatGPTの開発が難しい場合は、Bing Chat Enterpriseを

使用したり、マイクロソフトのパートナー企業などが提供するSaaSサービスを模索したりする傾向もあるようです。

Bing Chat Enterpriseはもちろんですが、社内版ChatGPTでは、入力した内容や出力された結果はLLMのトレーニングに使用されることはありません。社内版ChatGPTでは、Azure OpenAI Serviceを経由して、LLMを使うのです。

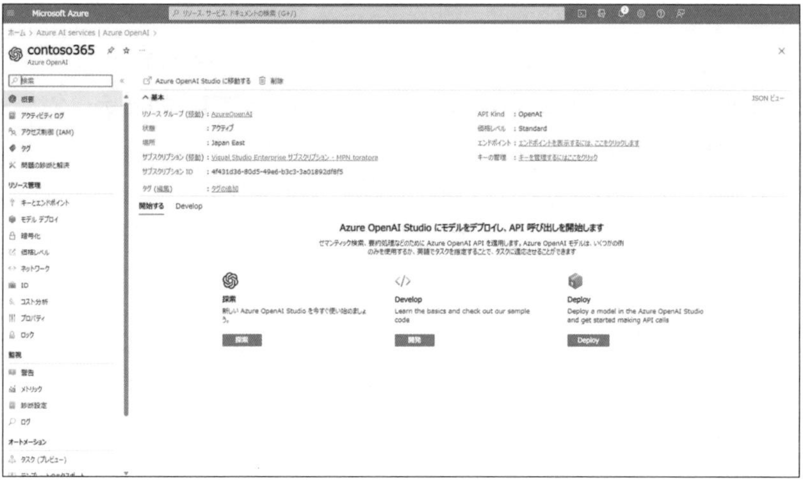

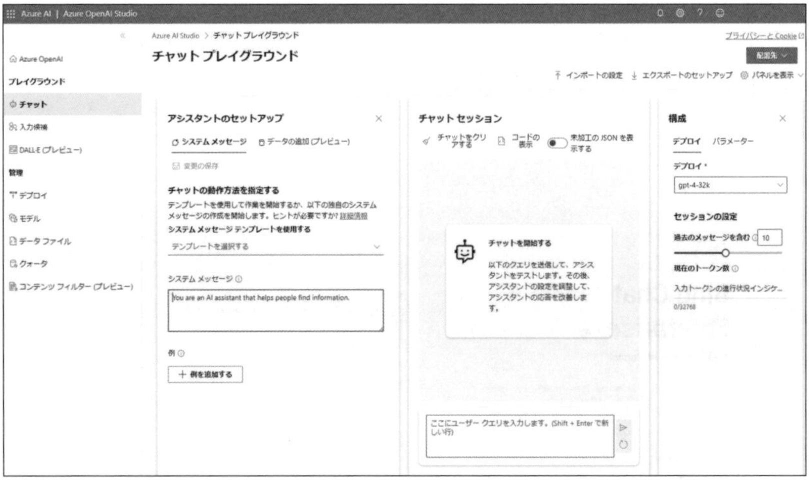

Azure OpenAI Serviceを使う利点は、以下のようなことです。まさしく企業のニーズにマッチしており、ChatGPTのAPIを直接使用する以外は、本書執筆時点で、他の選択肢は見当たりません。

- 入力した内容や出力された結果がLLMの学習に利用されない。
- 認証やWebアプリ、データベースなどAzure上のさまざまなサービスと連携できる。
- Azureによるセキュリティ対策が万全／プライベート ネットワークが構築できる。
- 企業独自のデータを加えることができる。プラグインを利用できる。
- 誰がいつどこから何を入力したのか、すべてのログを管理するデータベースを構築できる。
- 責任あるAIコンテンツのフィルター処理が提供される。
- リージョンの可用性、SLA(Service Level Agreement) やサポートプランがある。

今後、私たち利用者は、Microsoft 365 Copilotや社内版ChatGPTなどの生成AIを使いこなすスキルが求められるでしょう。

では、使いこなすスキルとは、どのようなものなのでしょうか？

社内版ChatGPTに、「〜について教えてください。」と聞くだけでは、教えてはくれますが検索エンジンとあまり変わりません。

社内版ChatGPTに上手に質問をして、適切で深い回答を引き出し、企業価値を高める営みがあって初めて社内版ChatGPTを使う価値や開発する意義が生まれるでしょう。

すなわち、プロンプト エンジニアリングのスキルが必要となるということです。しかしながらプロンプト エンジニアリングのスキルは、1日2日で身に付くものでもありません。

著者が所属するプロトレでも、早くから生成AIに注目し、社内版ChatGPTに上手に質問をして、適切で深い回答を引き出す方法をアドバイスできたり、研修受講者が自ら目標に到達できるように導いたりすることができる高度なスキルを兼ね備えた講師を養成し、さまざまな企業の生成AI利用者研修を実施中です。

おそらくは、皆様が本書を手に取っていただく時期には、さらなる新しい体験ができることでしょう。

第 5 章

秘密情報を安全に守る

5-1 画面に透かしを入れて情報漏洩を抑止

Teams Premiumでは、組織のIT管理者がTeams会議の透かしを設定することで、利用者はそれを使うことができます。

Teams Premiumの機能の一つであるTeams会議の透かしは、Teams会議を安全で透明性を高めるものに変える可能性を秘めています。透かし機能は、参加者のメールアドレスを薄く画面上に表示することで会議中に共有されるコンテンツの安全性を確保します。

例えば、新たな経営戦略を発表する場面や新製品の開発について話し合う場面など、重要な情報を内部で共有する際には、この透かし機能が重要な役割を果たします。

また、クライアントとのオンライン会議でも透かし機能の利用は有効です。契約内容やプロジェクトの詳細など、クライアントとの間で取り交わす情報は非常に機密性が高いため、透かしを用いることでこれらの情報の安全性を保証することができます。

さらに、社内研修や教育プログラムの際も、透かしの利用が考えられます。社員への研修資料は企業の知的財産となるため、透かしを利用することで教材の不適切な複製や共有を防止できます。

そして、人事評価や給与情報、昇進に関する会議といったHR関連の情報も非常にデリケートな内容を含んでいます。これらの情報が不適切に漏れ出すと大きな問題を引き起こす可能性があるため、透かし機能を用いてこれらの情報を守ることが重要となります。

透かしは共有されたコンテンツやビデオフィード上に表示され、これにより不正なスクリーンショットやレコーディングから生じる可能性のある情報漏えいを抑止したり、防いだりすることができます。そして、もし何らかの情報漏えいが発生したとしても、透かしにより参加者のメールアドレスが自動的に表示されるため、情報の出所を特定することが容易になります。

※本書執筆時点では、新しいTeamsでは提供されていないため、従来のTeams画面です。

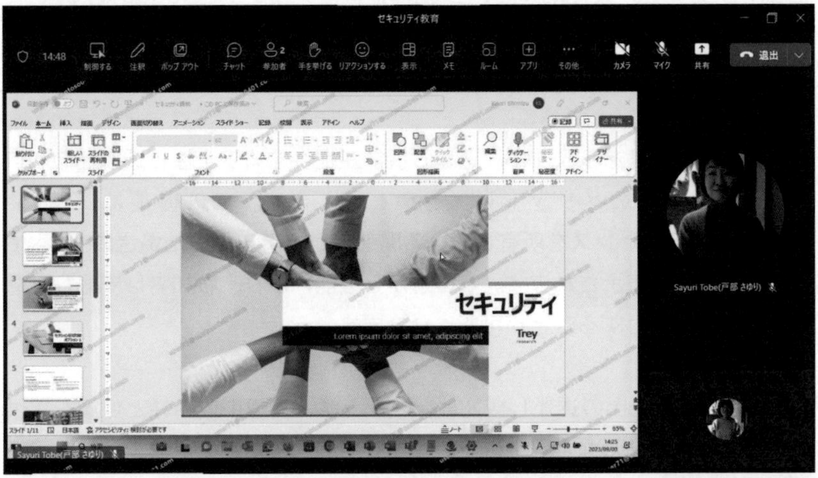

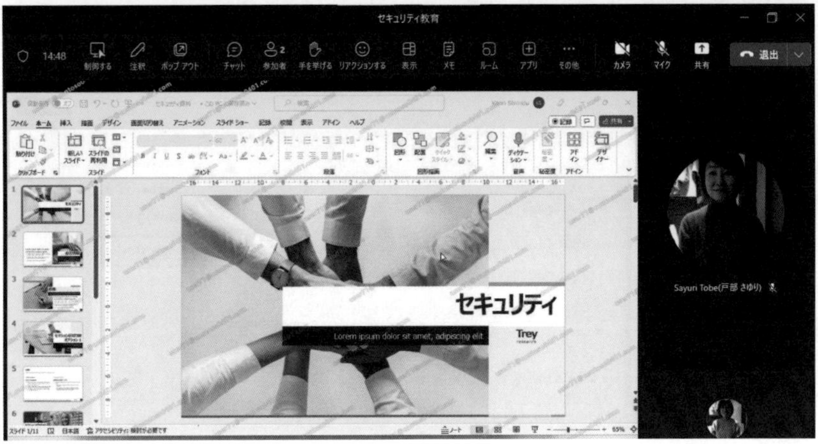

透かしはTeams Premiumの機能であることを示すマークでもあります。これにより、Teams Premiumを活用していることが周囲に伝わり、それがTeams Premiumのブランドイメージ、ひいてはそれを利用している企業のセキュリティに関するイメージを高める効果を持つと考えられます。

ただ、透かし機能を有効にすると、一部の機能は利用できなくなる点には注意が必要です。具体的には、会議のレコーディング、Togetherモード、大きいギャラリービュー、PowerPoint Live、Excelライブ、ホワイトボード、カメラからのコンテンツの共有などの機能が無効になります。

これらの制約はありますが、透かし機能が提供する安全性と透明性の利点を考えると、そのメリットは大きいと言えます。この機能は、Teams Premiumのライセンスを所有している開催者が会議を開いた場合に、すべての会議参加者に表示されます。この透かし機能により、参加者は安心して意見を共有し、協力することが可能になります。

Teams Premiumの透かし機能は、オンライン会議に信頼性と保護を提供し、現代のデジタルな世界での安全かつ効率的なコミュニケーションを可能にします。

会議作成画面での設定

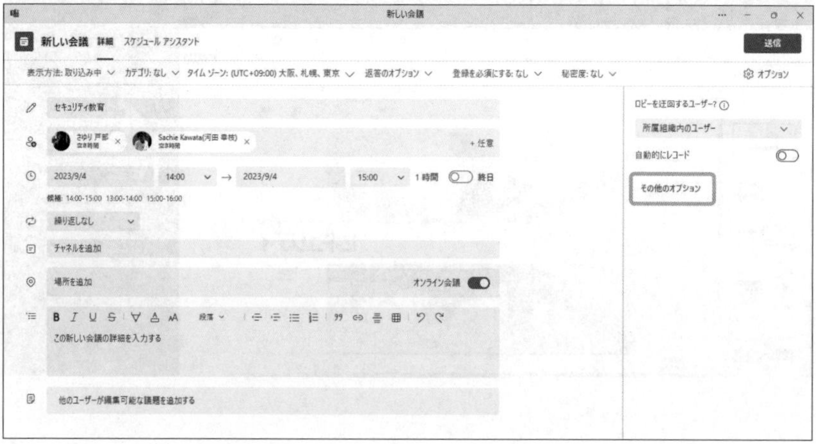

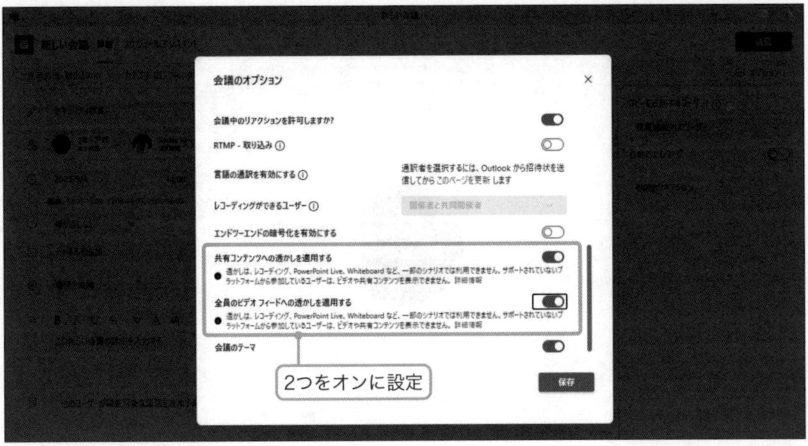

ブラウザーの会議オプションからの設定

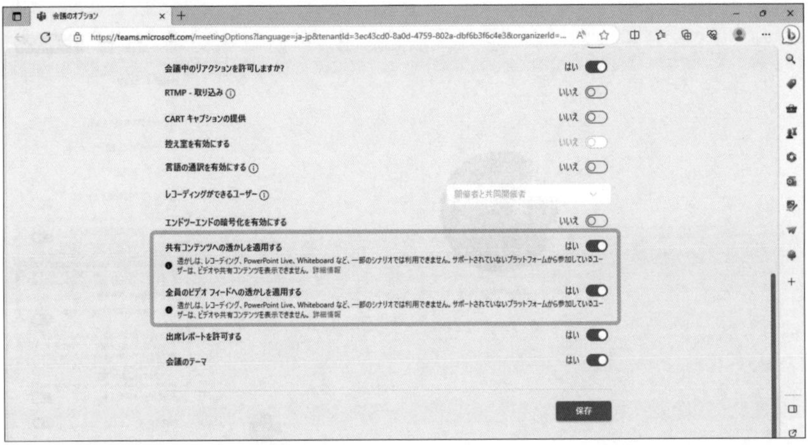

会議画面からの設定

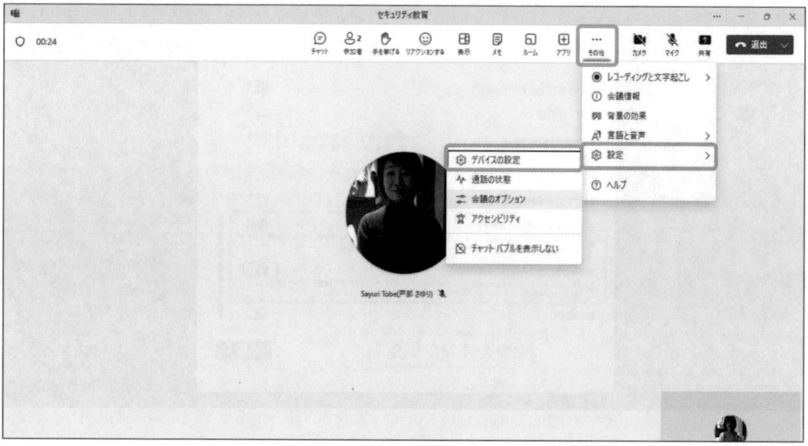
セキュリティ教育
00:24
チャット
参加者
手を挙げる
リアクションする
表示
メモ
ルーム
アプリ
その他
カメラ
マイク
共有
退出
レコーディングと文字起こし
会議情報
背景の効果
言語と音声
設定
ヘルプ
デバイスの設定
通話の状態
会議のオプション
アクセシビリティ
チャット バブルを表示しない
Sayuri Tobe(戸部 さゆり)

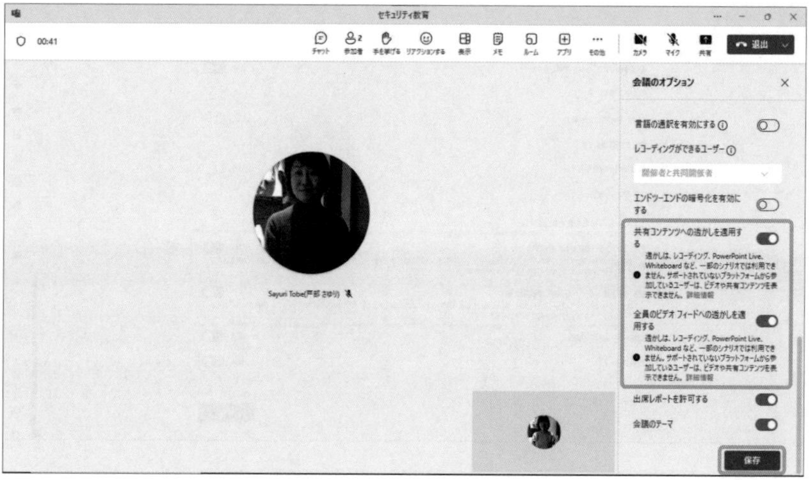
セキュリティ教育
00:41
チャット
参加者
手を挙げる
リアクションする
表示
メモ
ルーム
アプリ
その他
カメラ
マイク
共有
退出
Sayuri Tobe(戸部 さゆり)
会議のオプション
言語の通訳を有効にする
レコーディングができるユーザー
開催者と共同開催者
エンドツーエンドの暗号化を有効にする
共有コンテンツへの透かしを適用する
透かしは、レコーディング、PowerPoint Live、Whiteboard など、一部のシナリオでは利用できません。サポートされていないプラットフォームから参加しているユーザーは、ビデオや共有コンテンツを表示できません。詳細情報
全員のビデオ フィードへの透かしを適用する
透かしは、レコーディング、PowerPoint Live、Whiteboard など、一部のシナリオでは利用できません。サポートされていないプラットフォームから参加しているユーザーは、ビデオや共有コンテンツを表示できません。詳細情報
出席レポートを許可する
会議のテーマ
保存

5-2 エンドツーエンドの暗号化を有効

Teams Premiumでは、組織のIT管理者がTeams会議のエンドツーエンドの暗号化を設定することで、利用者はそれを使うことができます。

Teams Premiumは、会議のセキュリティを一段階向上させる特別な機能を備えています。その中でも特に重要なのがエンドツーエンドの暗号化機能です。これは、オンラインでのコミュニケーションにおいて重要な役割を果たし、会議の参加者とホスト間のデータが暗号化されることを可能にします。もちろん、エンドツーエンドの暗号化を使用しなくても、通話や会議中にやり取りされるTeamsデータは、転送中と保存中を含め、業界標準の暗号化で保護されます。

エンドツーエンドの暗号化とは、簡単に表現すると会議でやり取りする情報が送信元で暗号化され、送信先で復号化されるというものです。これにより、情報が第三者に盗み見られたり、改ざんされたりするリスクが低減されます。つまり、参加者のプライバシーとセキュリティが向上し、信頼性の高い通信が可能になります。マイクロソフト社を含むすべての第三者は、暗号化を解除して会話内容を確認することはできません。

エンドツーエンドの暗号化がもたらす利点は大きく、特に重要なビジネス情報を取り扱う場面や、機密性の高い議論が行われる場面では、その価値は計り知れません。企業の重要な戦略や未公開の製品情報、機密事項などが外部に漏洩するリスクを大幅に減らすことができます。さらに、この機能は個人のプライバシー保護にも寄与し、個々の会議参加者が自由に意見を交換することを支えます。何らかの理由で不正な第三者が会議内容にアクセスしようとしたときでも、暗号化技術のおかげでその試みは阻止されます。

エンドツーエンドの暗号化を有効にした会議は、本書執筆時点では最大で50名の参加者をサポートします。そして、一部の会議の機能が制限されます。レコーディング、ライブキャプション、CARTキャプションとトランスクリプション、通訳者の参加による言語の同時通訳、コンパニオンモード、Togetherモード、大きいギャラリービュー、PSTNシナリオ、ブレイクアウトルーム、PowerPoint Live、Excelライブなどが利用できません。

会議作成画面からの設定

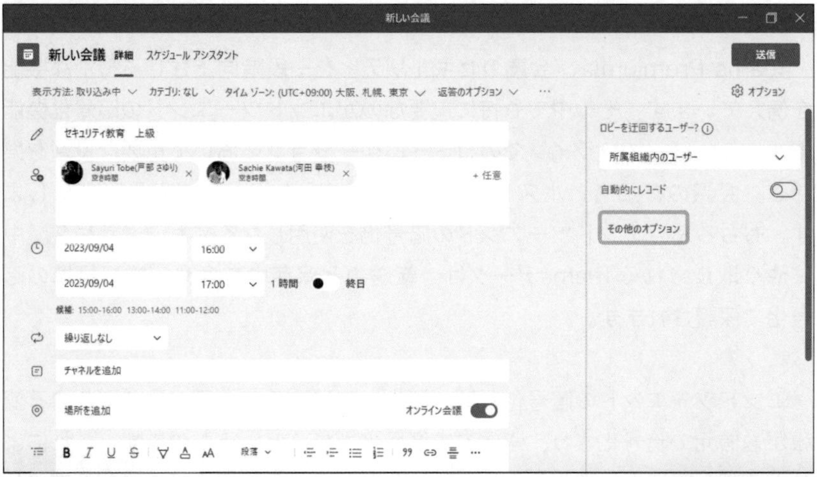

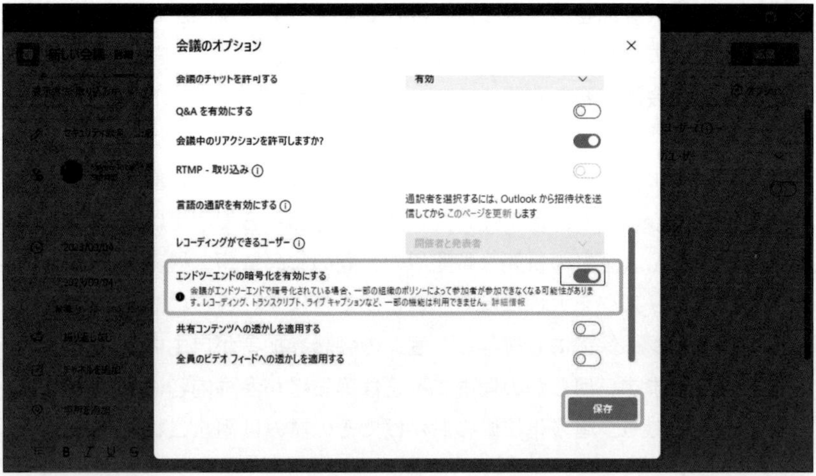

会議オプションからの設定

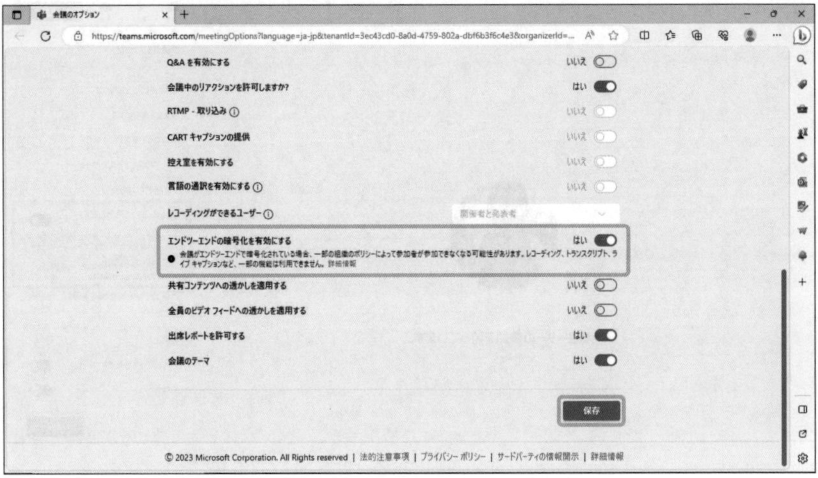

会議中の画面からの設定

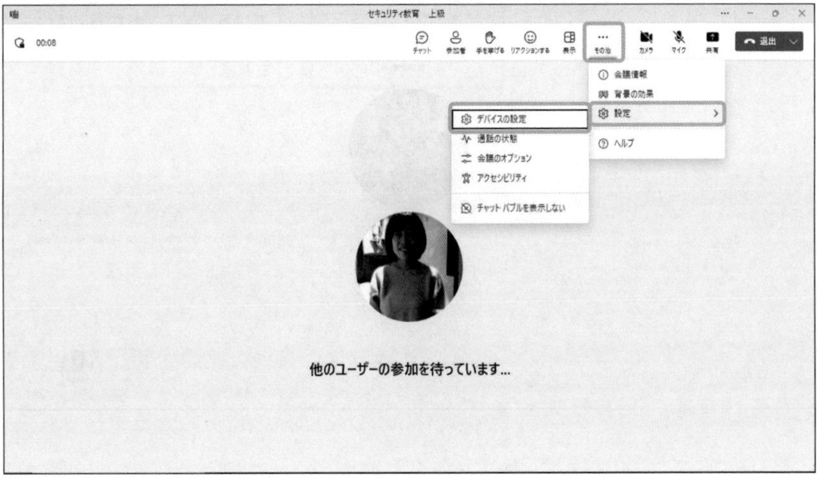

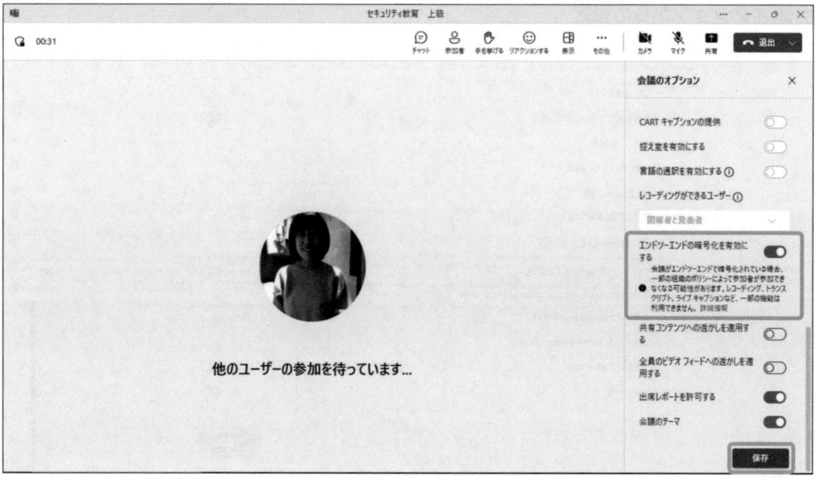
セキュリティ教育　上級
00:31
チャット
参加者
手を挙げる
リアクションする
表示
その他
カメラ
マイク
共有
退出
会議のオプション
CART キャプションの提供
控え室を有効にする
言語の通訳を有効にする
レコーディングができるユーザー
開催者と発表者
エンドツーエンドの暗号化を有効にする
会議がエンドツーエンドで暗号化されている場合、一部の組織のポリシーによって参加者が参加できなくなる可能性があります。レコーディング、トランスクリプト、ライブ キャプションなど、一部の機能は利用できません。詳細情報
共有コンテンツへの透かしを適用する
全員のビデオ フィードへの透かしを適用する
出席レポートを許可する
会議のテーマ
保存
他のユーザーの参加を待っています...

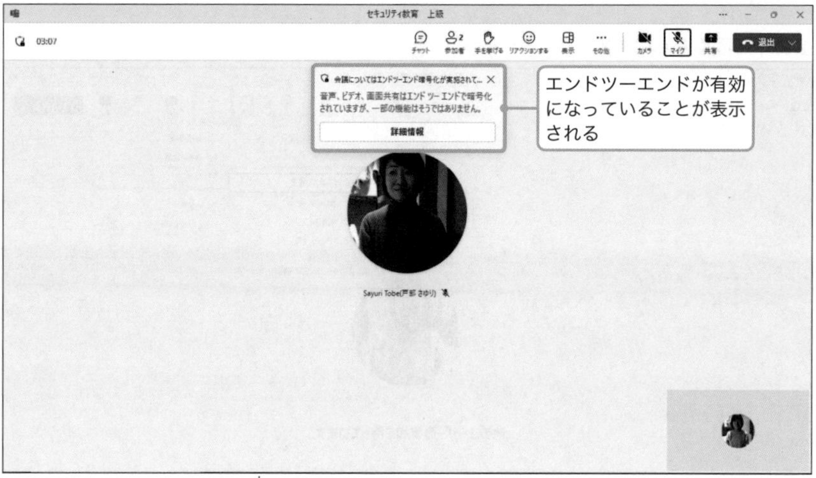
セキュリティ教育　上級
03:07
チャット
参加者
手を挙げる
リアクションする
表示
その他
カメラ
マイク
共有
退出
会議についてはエンドツーエンド暗号化が実施されて...
音声、ビデオ、画面共有はエンド ツー エンドで暗号化されていますが、一部の機能はそうではありません。
詳細情報
エンドツーエンドが有効になっていることが表示される
Sayuri Tobe(戸部 さゆり)

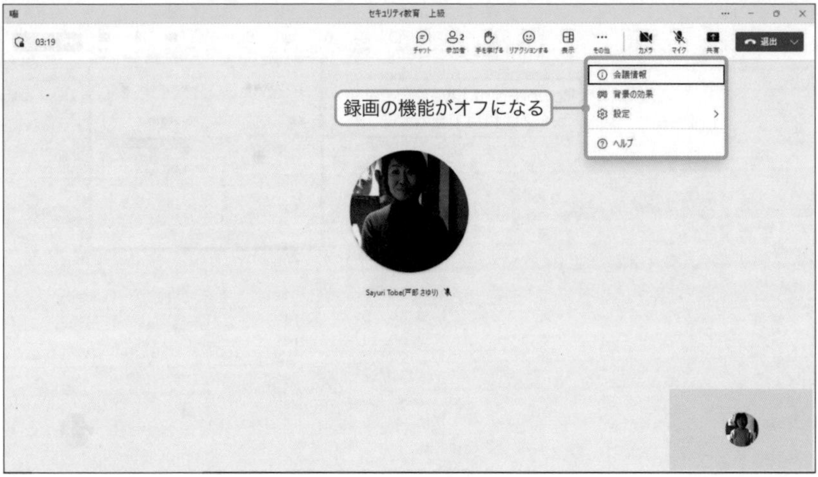
セキュリティ教育　上級
03:19
チャット
参加者
手を挙げる
リアクションする
表示
その他
カメラ
マイク
共有
退出
会議情報
背景の効果
設定
ヘルプ
録画の機能がオフになる
Sayuri Tobe(戸部 さゆり)

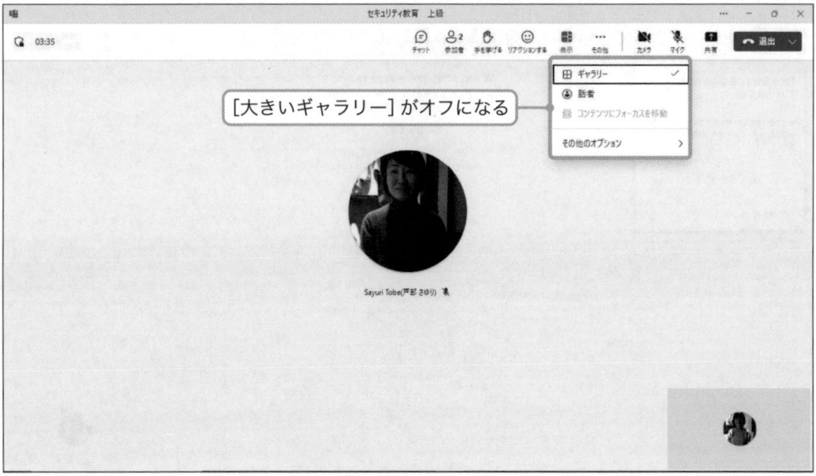
セキュリティ教育　上級
03:35
チャット
参加者
手を挙げる
リアクションする
表示
その他
カメラ
マイク
共有
退出
ギャラリー
話者
コンテンツにフォーカスを移動
その他のオプション
[大きいギャラリー] がオフになる
Sayuri Tobe(戸部 さゆり)

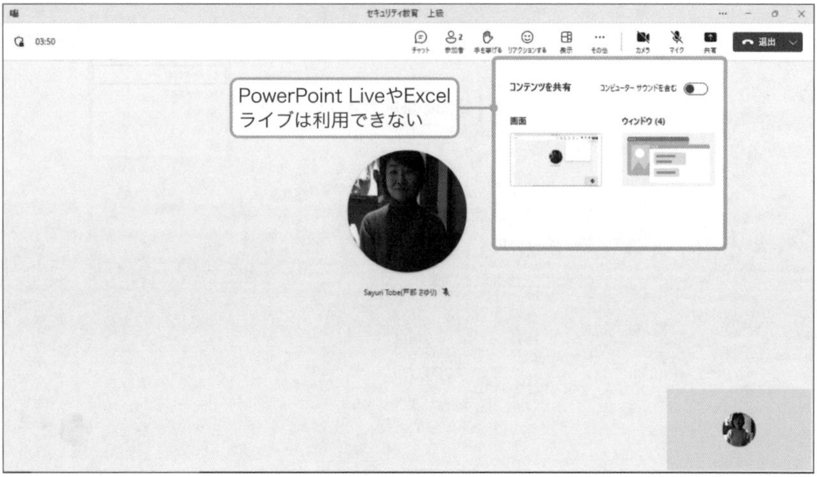

エンドツーエンドの暗号化は、セキュリティと便利さのバランスを取ることが必要です。これらの制限を理解して適切に管理すれば、エンドツーエンドの暗号化は、より安全で信頼性の高いコミュニケーションを実現します。そのため、Teams Premiumのエンドツーエンドの暗号化機能は、特に機密性の高い情報を扱う場合や、安全なコミュニケーションが必要な場合に大いに役立ちます。初めて利用する方でも、これらのメリットと注意点を理解すれば、Teams Premiumを効果的に活用することができるでしょう。

5-3 レコーディングできる人を限定

Teams Premiumでは、組織のIT管理者がTeams会議のレコーディングとトランスクリプトを許可することで、利用者はレコーディングできる人を限定することができます。

Teams Premiumの使いやすさと安全性の高さにより、魅力的な機能がたくさんあることを利用者は実感できます。その中でも、特に注目すべきなのがレコーディングできる人を限定する機能です。この機能は、誰が会議のレコーディングを行うかを管理することで、会議内容の不必要な流出や悪用を防ぐことに役立ちます。

この機能を利用するための手順は簡単です。会議設定のオプションから、[レコーディングができるユーザー] の項目を選択します。そこで、レコーディングが可能なユーザーとして、「開催者と共同開催者」または「開催者と発表者」を選択します。これにより、レコーディング可能なユーザーを制限する設定が完了します。

会議の設定画面からの設定

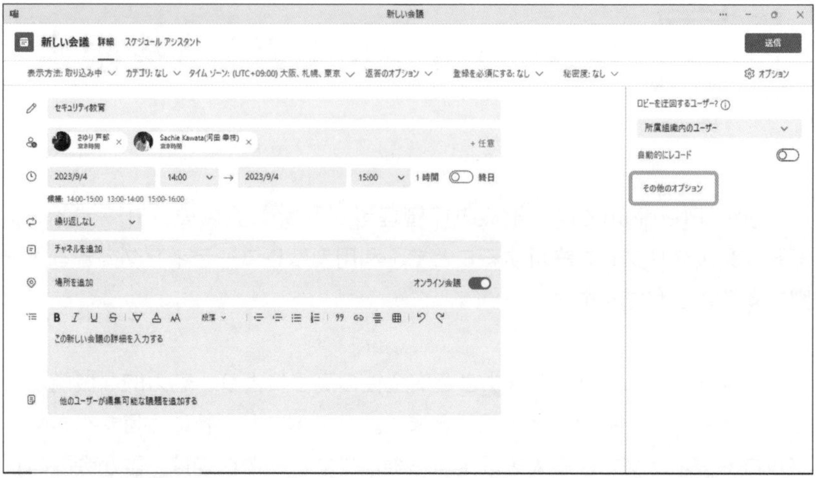

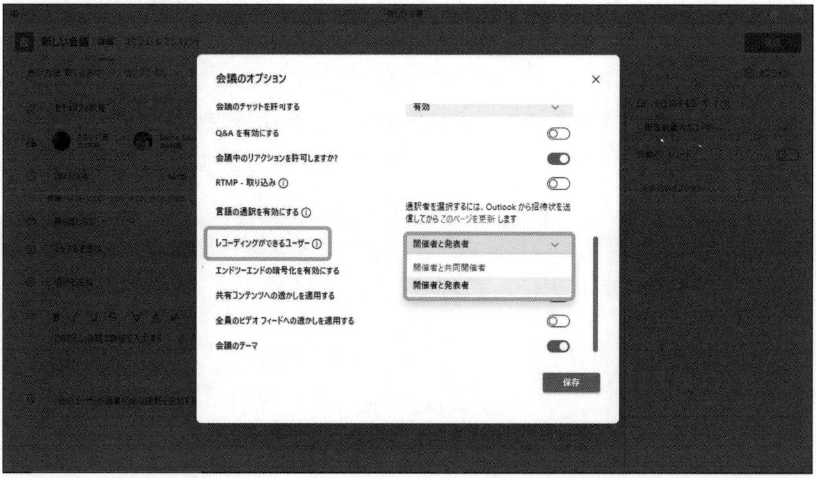

ブラウザーの会議オプションからの設定

会議中の画面からの設定

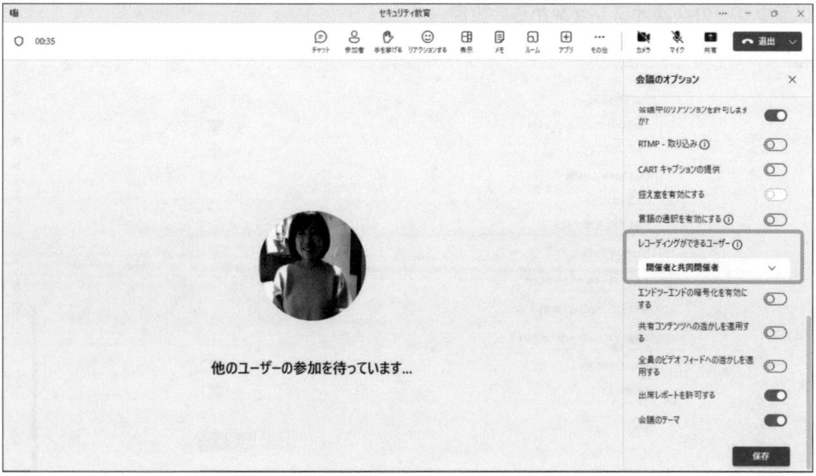

会議中にレコーディングを開始するときは、右上の［その他の操作］から［レコーディングと文字起こし］-［レコーディングを開始］をクリックします。また、レコーディングを停止したい場合も同じメニューから［レコーディングを停止］をクリックします。録画は、Teamsデスクトップクライアントの［チャット］やStreamで視聴することができます。

レコーディングができるユーザーの画面

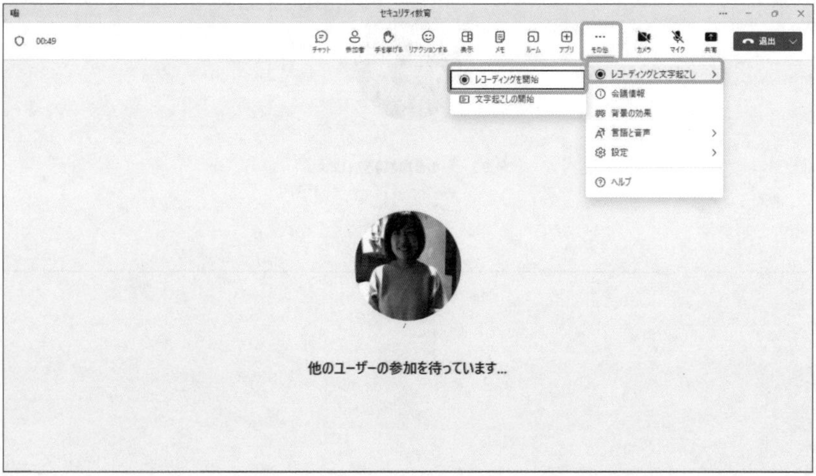

レコーディングができないユーザーの画面

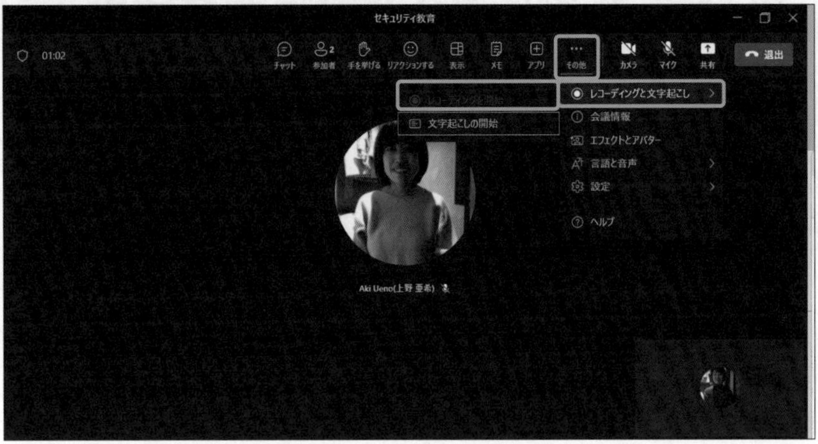

このレコーディングできる人を限定する機能は、特に機密情報を扱う会議やリモート授業などで活用することができます。例えば、機密情報を扱う会議において、レコーディングができるユーザーを開催者や共同開催者のみに制限することで、情報漏えいのリスクを軽減します。教育機関では、リモート授業で生徒が授業をレコーディングできないように制限することも可能です。

この機能を利用する際には注意すべき点があります。特定の会議オプションが有効になっている場合、例えば、[自動的にレコード] や [共有コンテンツへの透かしを適用する]、[全員のビデオフィードへの透かしを適用する]、[エンドツーエンドの暗号化を有効にする] などのオプションが有効になっているときは、この [レコーディングができるユーザー] のオプションは利用できません。そのため、この機能を活用する際には、これらの会議オプションの有無を確認し、そうしたオプションが必要かどうかをまず検討しましょう。

Teams Premiumは、こうしたセキュリティや利便性を提供してくれるツールです。初めての方でもわかりやすく、気軽に利用することができます。安全で効率的なコミュニケーションを望むすべての人にとって、これらの機能は非常に有用です。初めての方でも安心して使えるよう、適切なセキュリティガイドラインと具体的な手順を設定することをお勧めします。

5-4 秘密度ラベルで情報を保護／会議チャットでのコピー貼り付けを禁止

Teams Premiumでは、組織のIT管理者が秘密度ラベルを設定することで、利用者はそれを利用することができるようになります。

利用者が簡単に情報を保護するための素晴らしい機能、それが秘密度ラベルです。Teams会議を開催する際、この秘密度ラベルを設定すれば、会議の内容や参加者の情報をしっかりと守ることができます。例えば、会議チャットでのコピー貼り付けを禁止するなど、会議の安全性を高める選択肢が用意されています。

Teams会議にこの秘密度ラベルを設定するには、会議のオプションの［秘密度ラベル］から適切なラベルを選択します。これにより、Teams会議の安全性が確保されます。

秘密度ラベルについては、下記URLも参考になるので、設定するIT管理者は目を通しておくとよいでしょう。

https://learn.microsoft.com/ja-jp/MicrosoftTeams/configure-meetings-highly-sensitive-protection

https://learn.microsoft.com/ja-jp/microsoftteams/configure-meetings-three-tiers-protection

会議の作成画面からの設定

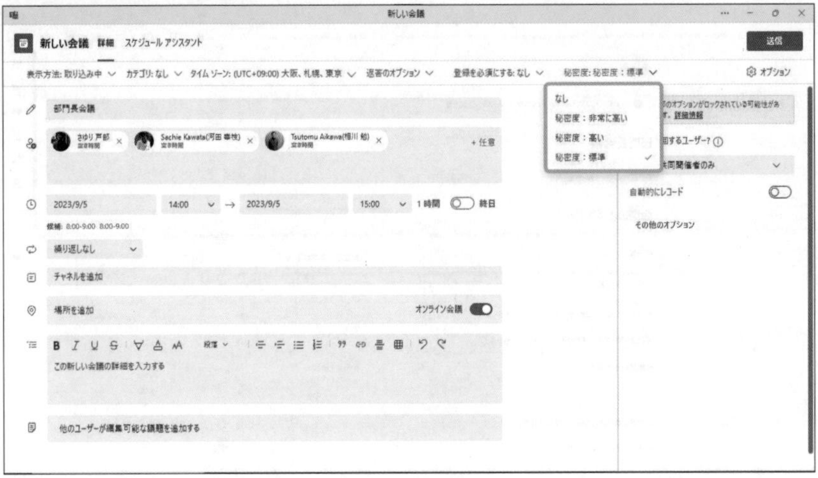

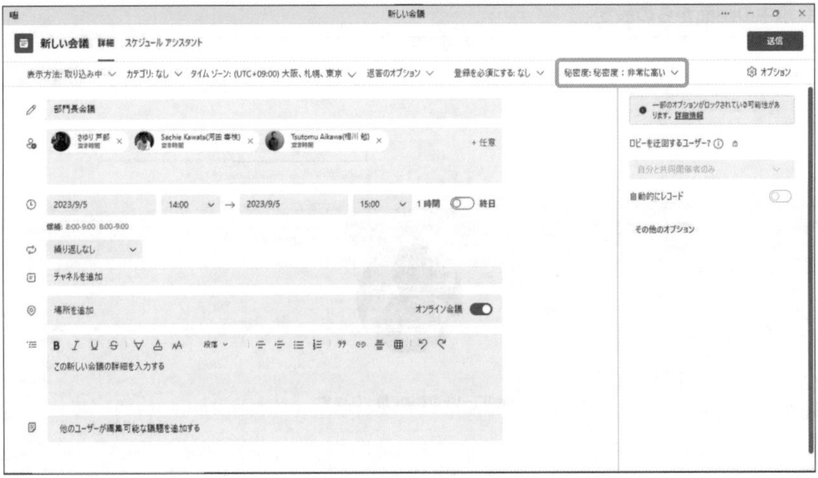

ブラウザーの会議オプションからの設定

会議中の画面からの設定

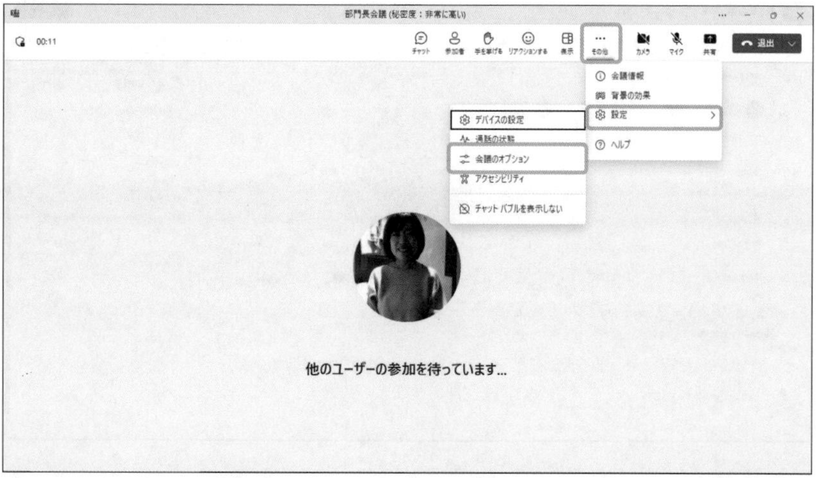

秘密度ラベルの利点はいくつかあります。まず、会議の内容や参加者をしっかり保護できるだけでなく、会議の目的や重要度を明示することが可能になります。また、会議に参加する人々や外部の人々に対して、情報管理の重要性を認識させ､その実践を促すこともできます。

会議の開始時には、ラベルに設定された会議オプションが自動的に適用されます。これには、ロビーを迂回できるユーザーや発表できるユーザー、レコーディングができるユーザーの設定、会議のエンドツーエンドの暗号化、自動レコーディング、透かしの設定（ビデオ、画面共有）、チャットの禁止／許可、チャットの内容をクリップボードへコピーすることを禁止／許可などが含まれます。

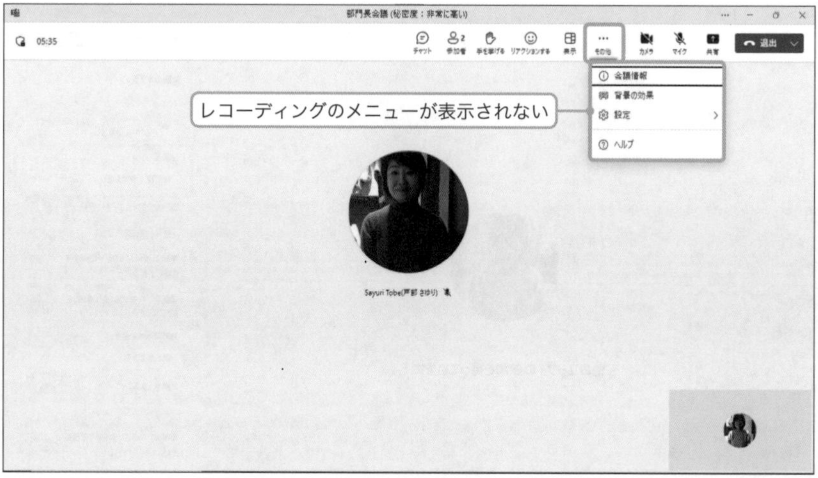

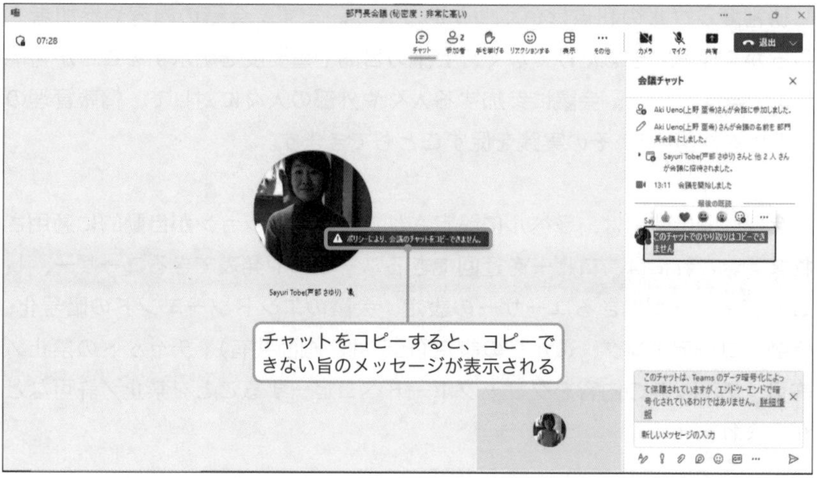

また、秘密度ラベルの設定をすると、OutlookやTeamsの情報、会議の招待状などをより簡単に保護でき、会議の件名、時間、場所、参加者などの情報を守ることが可能になります。

これらの特徴により、秘密度ラベルは多様なビジネスシーンでの活用が可能になります。例えば、上級管理者が出席する非公開の会議では、極秘情報を取り扱うことがしばしばあります。このような場合に、秘密度ラベルを適用することで、情報が不必要に外部に漏れるのを防ぐことができます。

例えば、財務チームが投資家とのやり取りをする際にも、秘密度ラベルの活用が有効です。このような状況では、取扱いに注意が必要な会社の財務データがしばしば取り扱われます。ここでも、秘密度ラベルを適用することで、重要なデータをしっかりと保護することができます。

さらに、人事部門でのディスカッションや面接時にも、この機能は大いに役立ちます。人事情報は個人のプライバシーを含むため、特に慎重な取り扱いが必要です。秘密度ラベルを設定することで、こうした情報を適切に保護することが可能になります。秘密度ラベルを活用することで、会議の情報保護をより高めることができるでしょう。

ただし、秘密度ラベルを設定するためには、いくつかの前提条件があります。この機能はTeamsデスクトップクライアントでのみ設定可能で、Webブラウザーやモバイルアプリでは設定できません。

本書執筆時点では、秘密度ラベルを使用する際はいくつか制限事項が存在します。例えば、チャット内容のコピーの防止機能は、仮想デスクトップインフラストラクチャ（VDI）ではサポートされておらず、開発者ツールやサードパーティアプリを使用したコピーを防止することはできません。また、iOS/Androidモバイルデバイスはラベル付きの予定表のアイテムやTeams会議に対応していません。そして、Teams Education SKUを使用する組織の場合、秘密度ラベルはサポート対象外となっています。

第6章

バーチャル面談を実現

6-1 バーチャル面談とは

バーチャル面談とは、Microsoft Teamsを使って顧客とミーティングするための機能です。例えば待合室の機能など、社内会議では不要でも、顧客とのビジネスミーティングには必要な機能があります。バーチャル面談の機能を使えば、面談の予約から実施、分析までワンストップで実施可能です。ビジネス間の取引だけでなく、顧客との個別の面談も含まれます。

バーチャル面談の活用には、本書執筆時点ではMicrosoft 365のライセンスが必要で、その中でも基本機能は、Microsoft 365のA3/A5/E3/E5/F1/F3、Business Basic/Business Standard/Business Premiumの各ライセンスで使用可能です。一方、キューと呼ばれる待合室やバーチャル面談の分析など高度な機能を活用するためには、Teams Premiumのライセンスが必要となります。自社のニーズに合わせて適切にライセンスを選ぶことで、バーチャル面談を最大限に活用できます。

バーチャル面談を活用することで、顧客やクライアントとの信頼関係や長期的な取引を築くことが可能になります。例えば、金融アドバイザーが顧客との一対一のコンサルテーションを行う場合や、医療専門家と患者とのやり取り、企業が求職者との採用面接を行う場合、カスタマーサポートが顧客の問題を解決するための対話を設ける場合など、さまざまなシナリオでこの機能を使用できます。また、仮想試着や商品に関する相談、教育分野で学生が教師との個別相談を行うといった用途でも利用できます。

バーチャル面談を使用することで、面談予定の作成と管理をとても簡単に行うことができます。具体的には、Microsoft Teamsに組み込まれたMicrosoft Bookingsアプリや仮想予定アプリを用いて、バーチャル面談の予定を作成したり、スタッフの管理を行ったり、予約ページの設定を行ったりすることが可能です。さらに、Teams Premiumがあれば、SMSによる通知を設定したり（本書執筆時点では、日本では未提供）、キューと呼ばれる待合室を用意したりすることもできます。これらのツールを駆使することで、一貫した予定の管理が可能になり、組織の効率を大幅に向上させることができます。

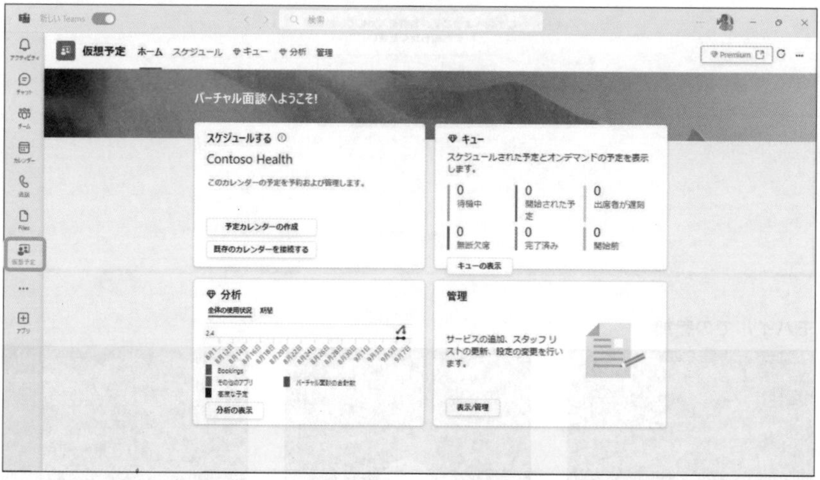

バーチャル面談の特徴として、参加する際の柔軟性があげられます。参加者はTeamsデスクトップクライアントをインストールしていない場合でもブラウザーやモバイルデバイスから簡単に参加することができます。医療機関であればEHR（電子カルテ）システムと仮想予定アプリを統合することで、患者に対してシームレスな仮想ケア体験を提供できます。これは、時間と場所の制約から解放され、より多くの患者に対応できるようになるという大きなメリットをもたらします。

ブラウザーでの参加

モバイルでの参加

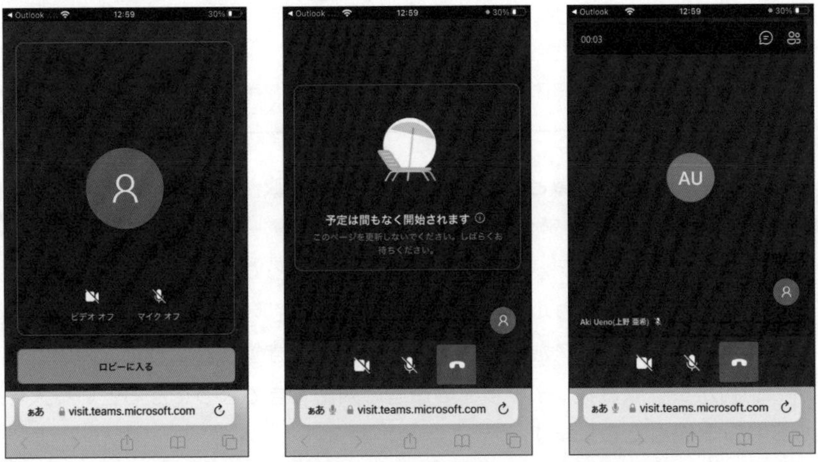

またバーチャル面談では、Teams Premiumがあれば、その分析が可能です。個々のバーチャル面談、部門全体、さらには組織全体のデータを含む豊富な分析情報を見ることができ、これによりバーチャル面談の効果や問題点を明らかにし、改善策を検討することができます。

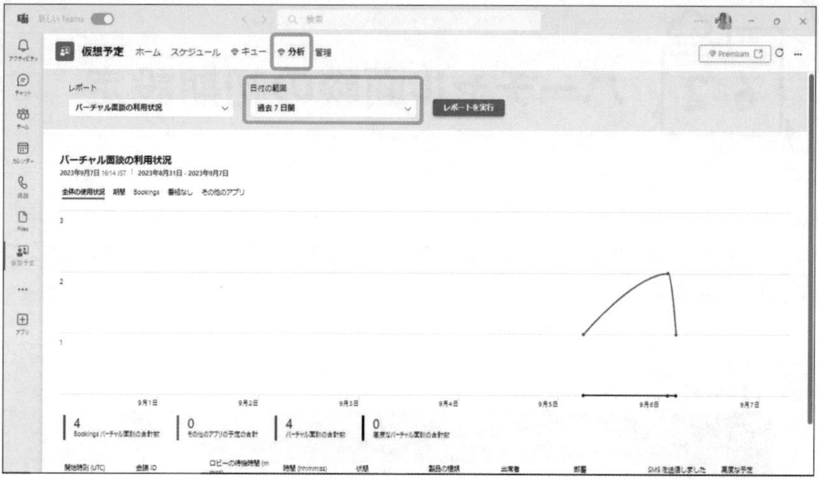

また、Microsoft Formsとの統合により事前にアンケートに答えてもらうなどバーチャル面談前のプロセスが合理化されます。Microsoft Bookingsを利用した予約ページの管理も行えます。

バーチャル面談は、オンラインでのサービス提供や顧客満足度向上に役立つサービスと言えるでしょう。

6-2 バーチャル面談の初期設定

バーチャル面談は、Microsoft Teams上から仮想予定アプリを使うことで実現できます。

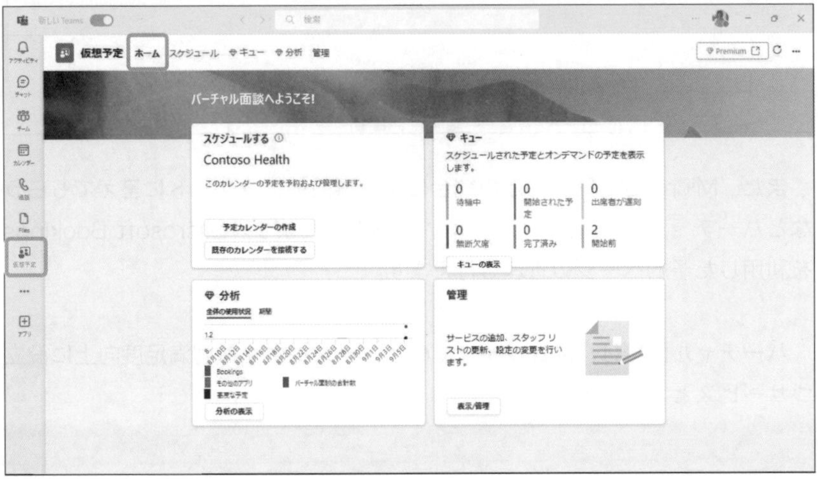

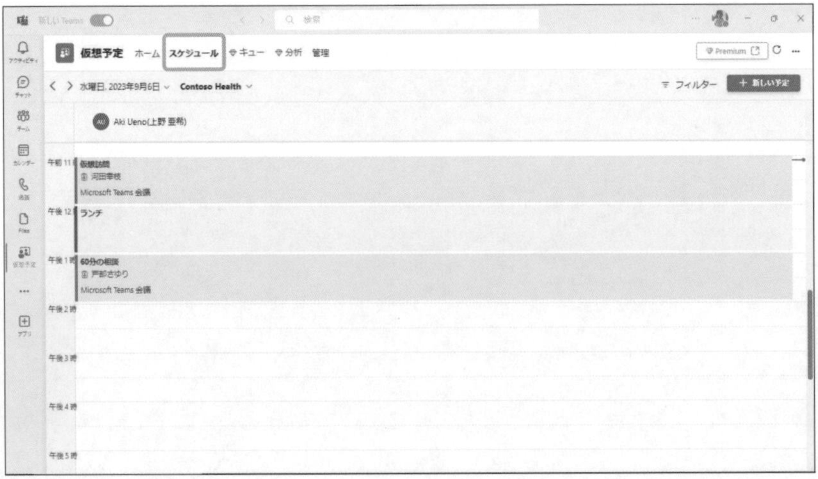

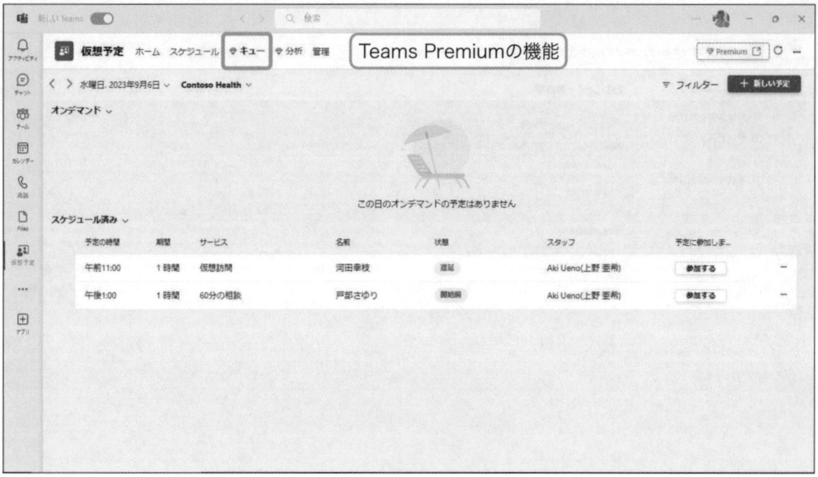
Teams Premiumの機能
仮想予定
ホーム
スケジュール
キュー
分析
管理
水曜日, 2023年9月6日
Contoso Health
フィルター
新しい予定
オンデマンド
この日のオンデマンドの予定はありません
スケジュール済み
予定の時間
期間
サービス
名前
状態
スタッフ
午前11:00
1 時間
仮想訪問
河田幸枝
Aki Ueno(上野 亜希)
参加する
午後1:00
60分の相談
戸部さゆり

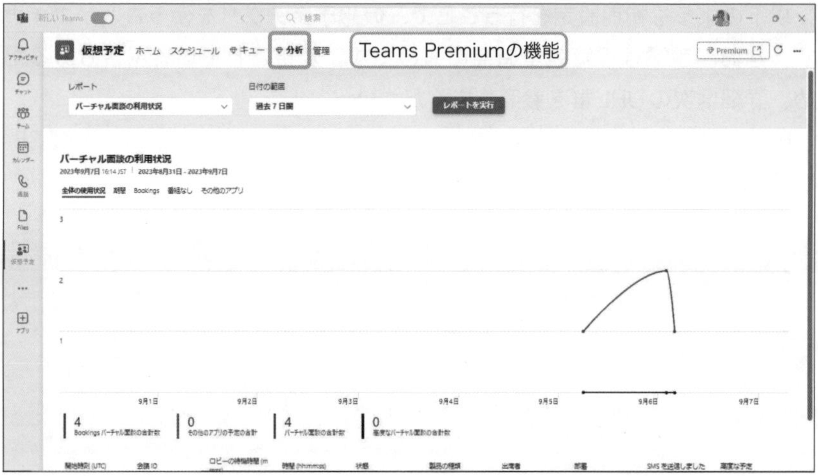
Teams Premiumの機能
仮想予定
ホーム
スケジュール
キュー
分析
管理
レポート
バーチャル面談の利用状況
日付の範囲
過去 7 日間
レポートを実行
バーチャル面談の利用状況
全体の使用状況
Bookings
その他のアプリ
9月1日
9月2日
9月3日
9月4日
9月5日
9月6日
9月7日
4
0
4
0

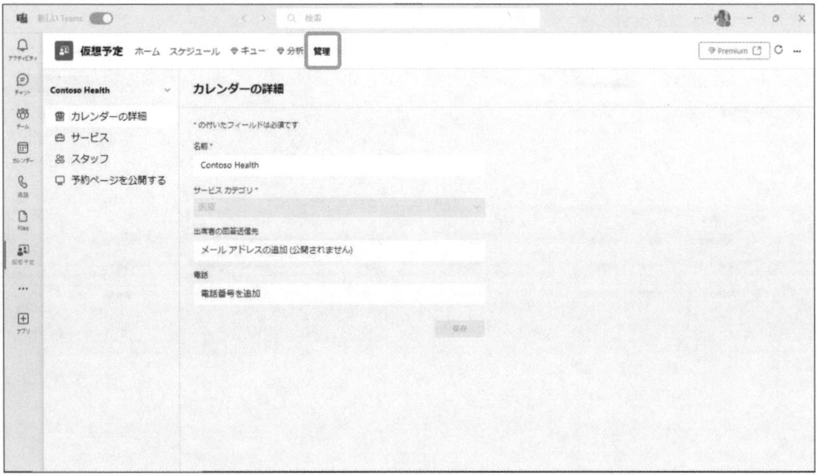

以下のような初期設定を行うことで、仮想予定アプリを使うことができます。なお、手順は書籍執筆時点のものです。変更されている場合もあるため、詳細は次のURL群を参照してください。

https://support.microsoft.com/ja-jp/office/22df0079-e6d9-4225-bc65-22747fb2cb5f

まずは、Microsoft Teamsで、仮想予定アプリをインストールします。仮想予定アプリは、Microsoft 365の一部として提供されるアプリです。このアプリを使うと、オンラインでバーチャル面談の予定を作成したり、参加者に招待メールを送ったり、オンライン会議を開催したりすることができます。アプリバーに固定するのもよいでしょう。

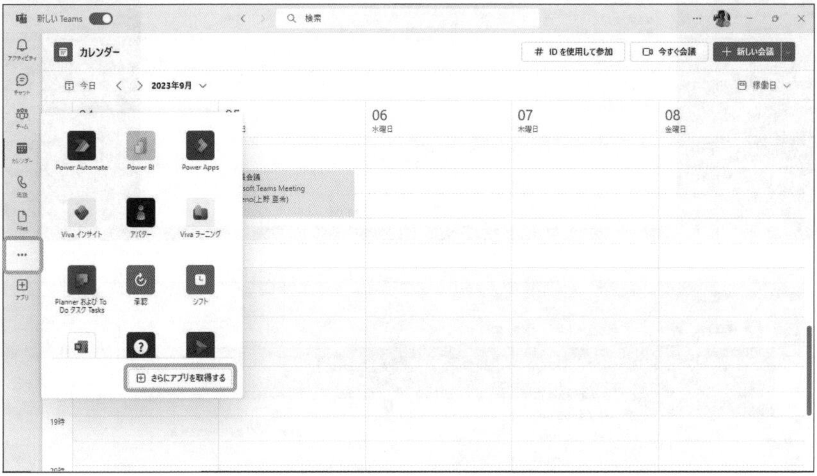

仮想予定
Microsoft Corporation
追加
概要　アクセス許可　更にアプリを見つける
1 つのアプリケーションで顧客への企業のエンゲージメントをスケジュールし、管理します。
Microsoft Teams の仮想予定アプリは、Bookings と統合された、従業員のスケジュールをすばやく表示できる包括的なダッシュボードを備えています。Teams Premium ではそれがさらに強化され、予定のキューへのスナップショット、予定分析の概要、カスタム ブランド、SMS 通知 (SMS 機能は現在、米国、英国、カナダでのみ利用可能) も利用できます。
アプリの機能
個人用アプリ
重要なコンテンツと情報を追跡する
Microsoft Corporation さんが作成しました
バージョン 1.0.10
アクセス許可
このアプリには次のアクセス許可が与えられます:
自分が提供するメッセージとデータを受け取ります。
自分の名前、メール アドレス、会社名、表示言語などのマイプロフィール情報へのアクセス
仮想予定 を使用すると、プライバシー ポリシー、利用規約、アクセス許可に同意したものと見なされます。

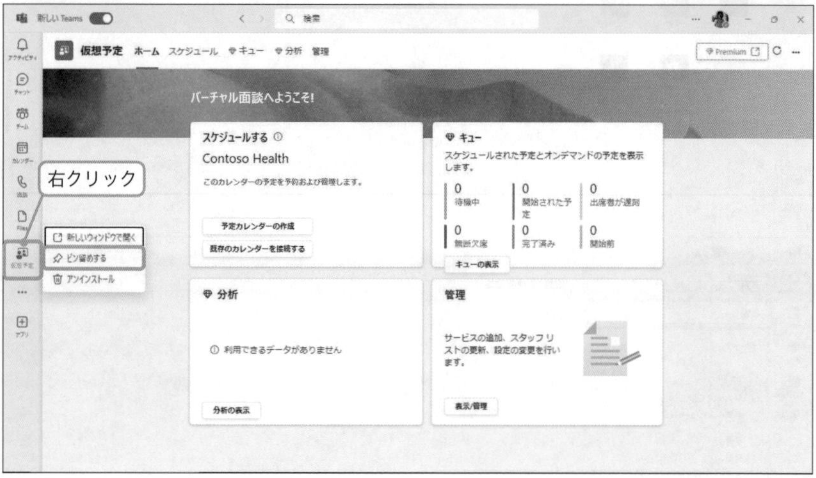
新しい Teams
検索
仮想予定　ホーム　スケジュール　キュー　分析　管理
Premium
バーチャル面談へようこそ!
スケジュールする
Contoso Health
このカレンダーの予定を予約および管理します。
予定カレンダーの作成
既存のカレンダーを接続する
キュー
スケジュールされた予定とオンデマンドの予定を表示します。
0 待機中
0 開始された予定
0 出席者が遅刻
0 無断欠席
0 完了済み
0 開始前
キューの表示
分析
利用できるデータがありません
分析の表示
管理
サービスの追加、スタッフリストの更新、設定の変更を行います。
表示/管理
右クリック
新しいウィンドウで開く
ピン留めする
アンインストール

仮想予定アプリをインストールして表示できたら、[ホーム] タブから [予定カレンダーの作成] を選び、そこからバーチャル面談として使いたい予定表を作成します。既に組織予定表があれば、[既存のカレンダーを接続] することもできます。

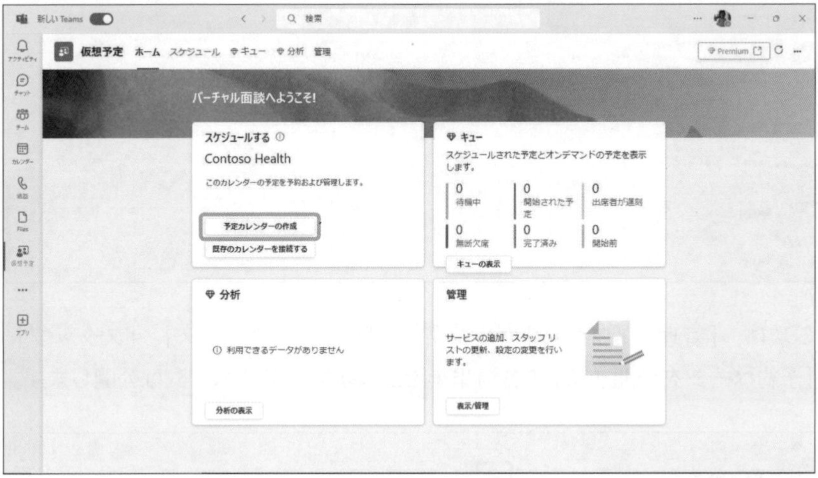

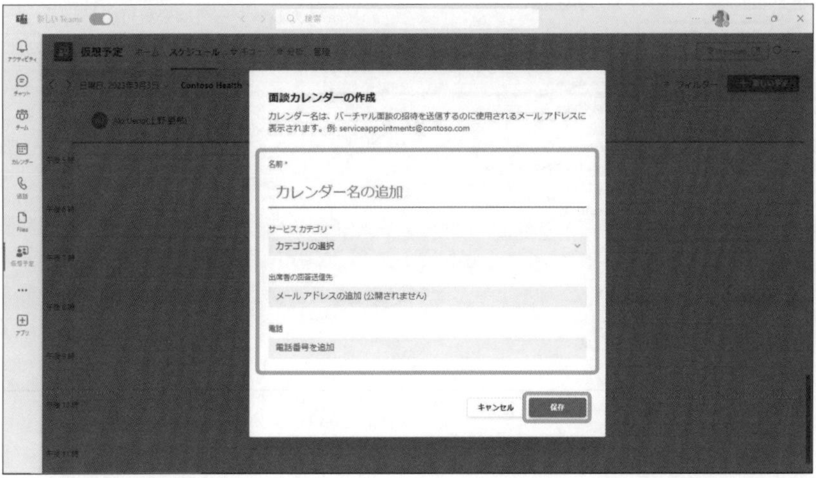

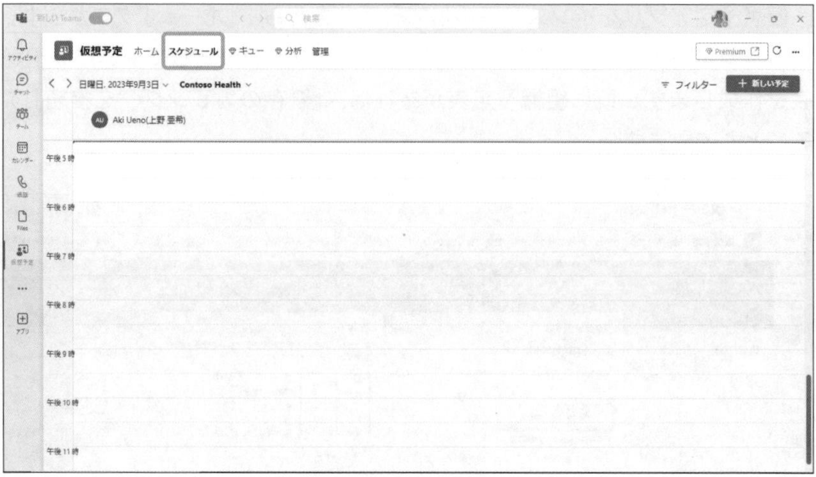

次に、[管理] タブから [カレンダーの詳細]、[サービス]、[スタッフ]、[予約ページを公開する] の各情報を設定します。予約ページは公開します。

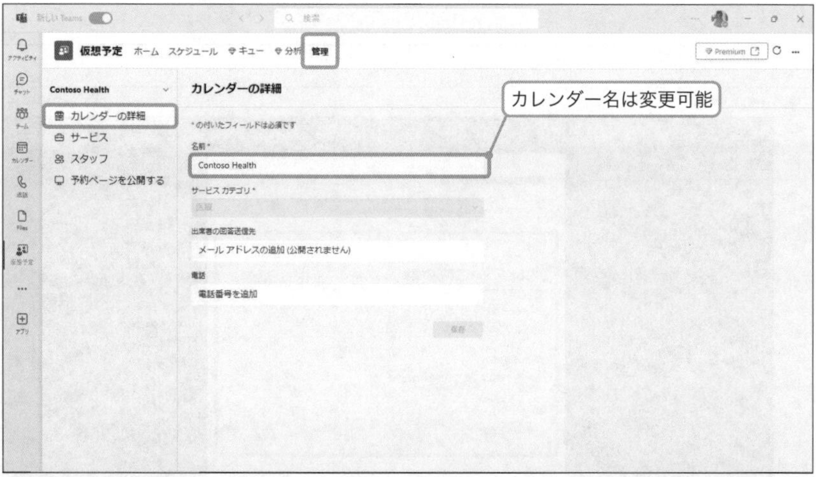

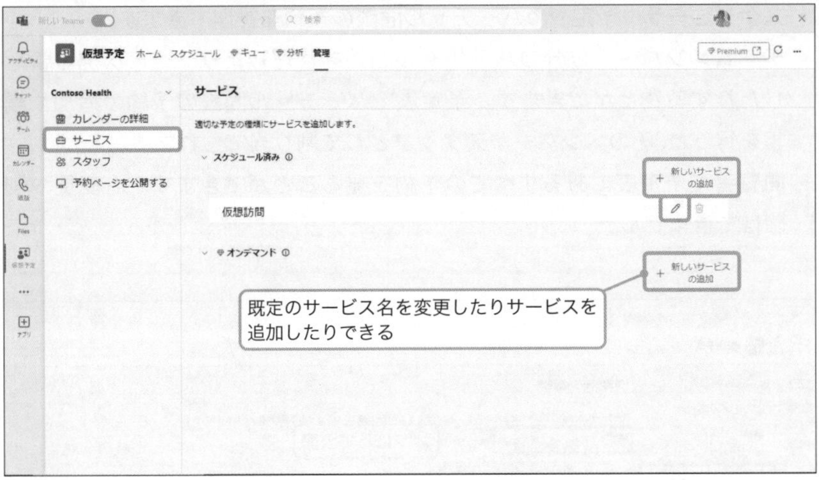

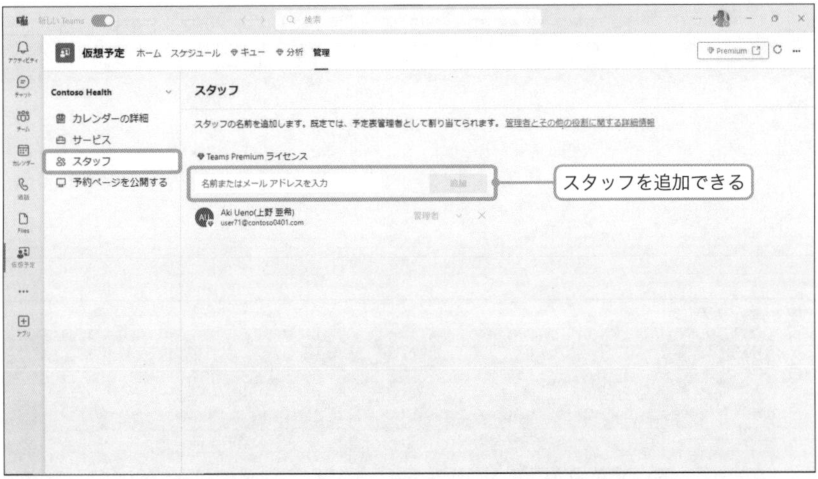

［スタッフ］では、本バーチャル面談にスタッフを追加し、以下のロール（役割）を割り当てることができます。本画面では、Teams Premiumのライセンスが割り当てられているユーザーには、Teams Premiumを保有している旨のアイコンが表示されます。

- **管理者**：管理者はすべての設定の編集、スタッフの追加と削除、予約の作成、編集、削除ができます。

- **スケジューラ**：予定表でバーチャル面談の予約を管理できます。
- **チームメンバー**：自分のバーチャル面談を管理したり、空き状況を管理したりすることができます。予定表でバーチャル面談の予約の追加や編集を行うと、そのメンバーがスタッフとして割り当てられます。
- **閲覧者**：予定表にあるすべての予約を見ることができますが、変更や削除はできません。

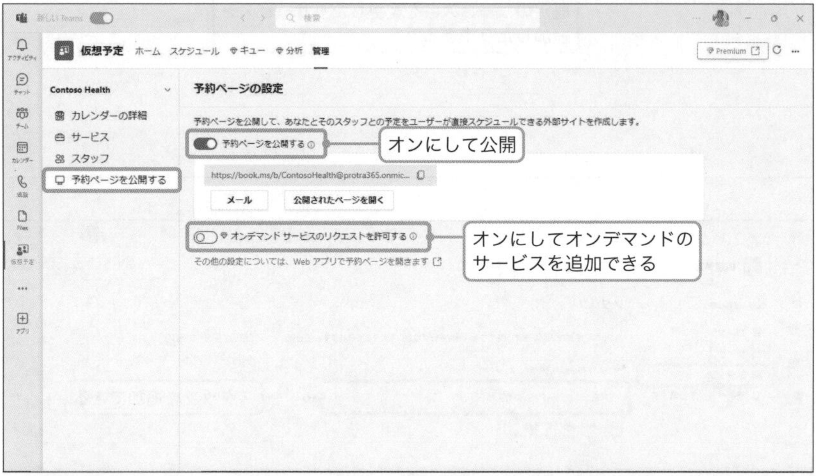
オンにして公開
オンにしてオンデマンドのサービスを追加できる

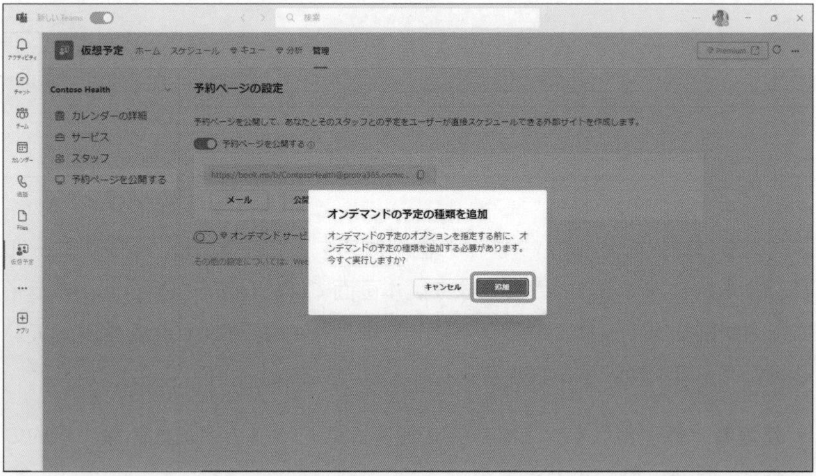
オンデマンドの予定の種類を追加
オンデマンドの予定のオプションを指定する前に、オンデマンドの予定の種類を追加する必要があります。今すぐ実行しますか?
キャンセル
追加

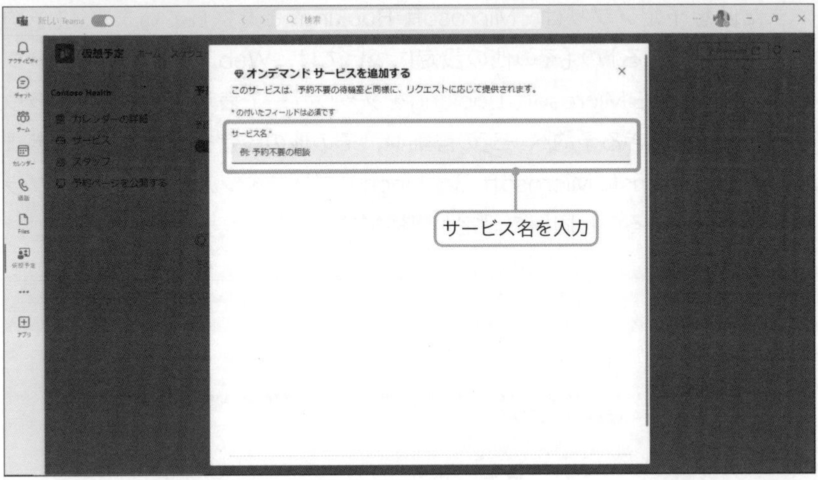

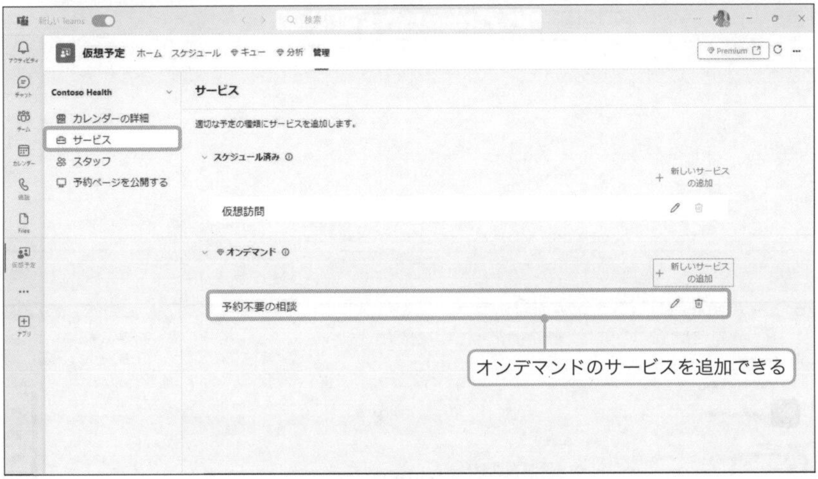

[サービス] にある [スケジュール済み] サービスでは、リマインダーや相談内容などのアンケートを収集するために事前のヒアリングフォームを用意しておくこともできます。

また、[オンデマンド] では、予約不要で相談ができるサービスを追加できます。この機能は、Teams Premiumがある場合に使用できます。[オンデマンド] サービスは、[予約ページを公開する] で、[オンデマンドサービスのリクエストを許可する] をオンにすると使用できます。

また仮想予定アプリは、Microsoft Bookingsと連携しています。[予約ページを公開する] の [その他の設定については、Webアプリで予約ページを開きます] からMicrosoft Bookingをブラウザーで表示し、顧客がブラウザーから予約できる予約ページの詳細や、その他の設定を行うことができます。また、TeamsにMicrosoft Bookingsアプリをインストールして、ブラウザーで設定するのと同様の設定が可能です。

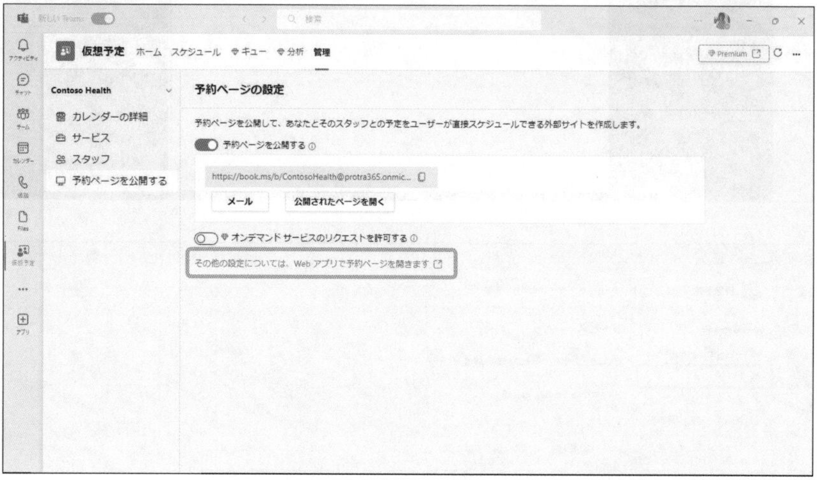

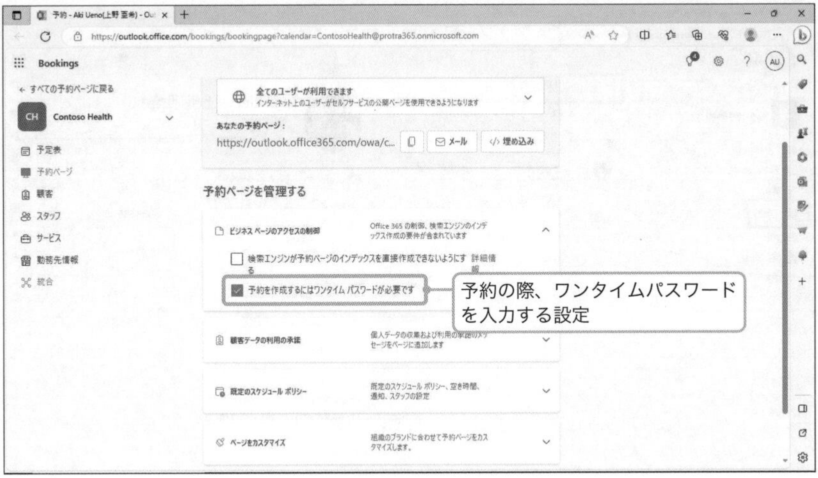
Bookings
すべての予約ページに戻る
Contoso Health
予定表
予約ページ
顧客
スタッフ
サービス
勤務先情報
統合
全てのユーザーが利用できます
インターネット上のユーザーがセルフサービスの公開ページを使用できるようになります
あなたの予約ページ：
https://outlook.office365.com/owa/c...
メール
埋め込み
予約ページを管理する
ビジネス ページのアクセスの制御
Office 365 の制御、検索エンジンのインデックス作成の要件が含まれています
検索エンジンが予約ページのインデックスを直接作成できないようにする
予約を作成するにはワンタイム パスワードが必要です
予約の際、ワンタイムパスワードを入力する設定
顧客データの利用の承諾
既定のスケジュール ポリシー
既定のスケジュール ポリシー、空き時間、通知、スタッフの設定
ページをカスタマイズ
組織のブランドに合わせて予約ページをカスタマイズします。

Bookings
すべての予約ページに戻る
Contoso Health
予定表
予約ページ
顧客
スタッフ
サービス
勤務先情報
統合
予約ページを管理する
ビジネス ページのアクセスの制御
Office 365 の制御、検索エンジンのインデックス作成の要件が含まれています
顧客データの利用の承諾
個人データの収集および利用の承諾の切り替えを、メッセージと共に予約ページに表示します
当サイトにおいて取得した個人情報は、取得目的の範囲内で利用し、これらの目的以外で利用する場合には、利用者に対し、事前に確認または同意を求めます
個人情報収集についてのメッセージを表示できる
既定のスケジュール ポリシー
既定のスケジュール ポリシー、空き時間、通知、スタッフの設定
ページをカスタマイズ
組織のブランドに合わせて予約ページをカスタマイズします。
地域とタイム ゾーンの設定
予約ページの言語とタイムゾーンの設定を選択します

スタッフを追加
Bookings
← すべての予約ページに戻る
Contoso Health
予定表
予約ページ
顧客
スタッフ
サービス
勤務先情報
統合
新しいスタッフの追加
スタッフを検索
すべての役割
マイ プロファイル
Aki Ueno(上野 亜希)
管理者
user71@contoso0401.com
スタッフの編集
予定を予約する
概要
連絡先
予定表と空き時間情報
サービス
今後の予定はありません
予定表で表示
連絡先の情報
メール
user71@contoso0401...
電話番号
090-1142-0098
メンバーシップ情報
状態: 予約可能
最終変更日時: 2023/06/23 (金) 13:01
メールの最終送信日時: 2023/06/23 (金) 13:01 | 再送信
その他の連絡先情報を表示

サービスを追加
https://outlook.office.com/bookings/services?calendar=ContosoHealth%40protra365.onmicrosoft.com
Bookings
← すべての予約ページに戻る
Contoso Health
予定表
予約ページ
顧客
スタッフ
サービス
勤務先情報
統合
新しいサービスの追加
検索
仮想訪問
1 時間
1 対 1 サービス
オンライン会議
サービスの編集
予定を予約する
概要
サービスの詳細
予定表と空き時間情報
スタッフ
今後の予定はありません
予定表を表示する
サービスの詳細
サービス予約ページ
https://outlook.office...
期間
1 時間
既定の場所
当オフィスの所在地
説明
Microsoft Teams 会議...
サービスの詳細をすべて表示
スタッフ

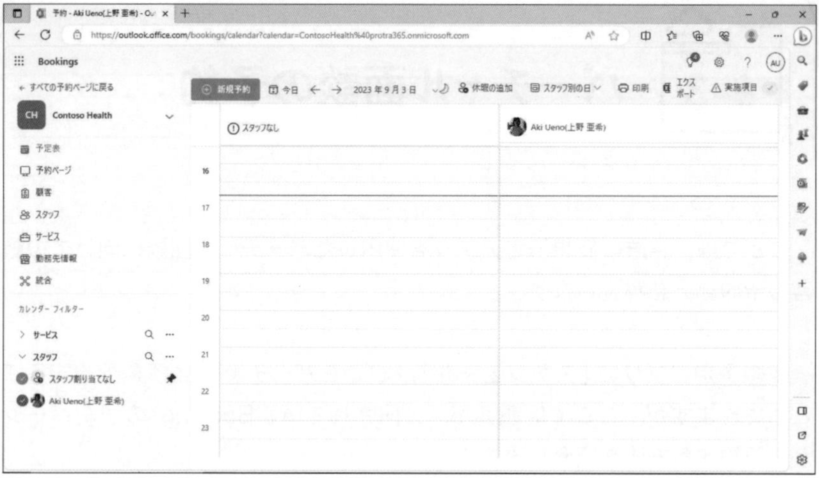
予約 - Aki Ueno(上野 亜希) - Ou
https://outlook.office.com/bookings/calendar?calendar=ContosoHealth%40protra365.onmicrosoft.com
Bookings
すべての予約ページに戻る
Contoso Health
予定表
予約ページ
顧客
スタッフ
サービス
勤務先情報
統合
カレンダー フィルター
サービス
スタッフ
スタッフ割り当てなし
Aki Ueno(上野 亜希)
新規予約
今日
2023 年 9 月 3 日
休暇の追加
スタッフ別の日
印刷
エクスポート
実施項目
スタッフなし
Aki Ueno(上野 亜希)

予約ページ

Contoso Health
https://outlook.office365.com/owa/calendar/ContosoHealth@protra365.onmicrosoft.com/bookings/
Contoso Health
予定の種類の選択
将来の日付にスケジュール
選択した日付に仮想会議を行います。
今すぐ会議
今日の勤務時間内に仮想会議を行う
当サイトにおいて取得した個人情報は、取得目的の範囲内で利用し、これらの目的以外で利用する場合には、利用者に対し、事前に確認または同意を求めます
Contoso Health のポリシーとプラクティスが、お客様のデータの使用に適用されます
Microsoft Bookings の機能を利用しています
© 2023 Microsoft

6-3 バーチャル面談の予約

ここでは、実際に仮想予定アプリを使用したバーチャル面談に向けての顧客の予約部分を解説します。

仮想予定アプリの［スケジュール］タブからバーチャル面談を予約することもできますが、ここでは顧客が、公開されているBookingsの予約ページから予約する方法を紹介します。

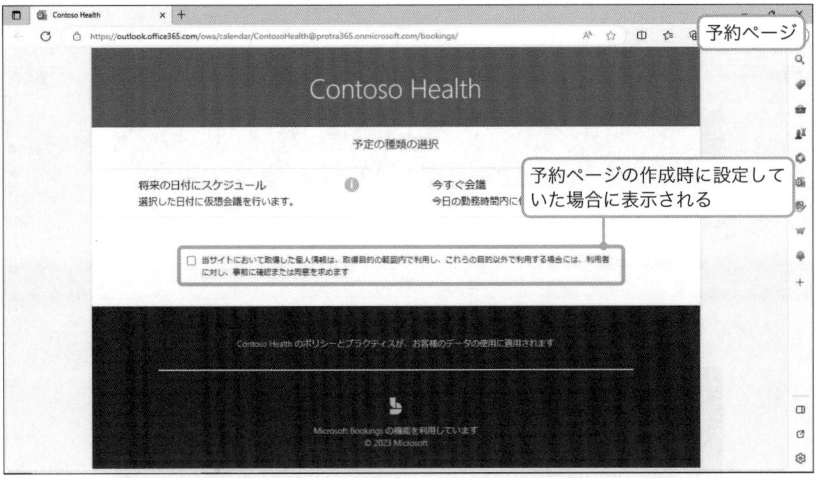
Contoso Health
https://outlook.office365.com/owa/calendar/ContosoHealth@protra365.onmicrosoft.com/bookings/
予約ページ
Contoso Health
予定の種類の選択
将来の日付にスケジュール
選択した日付に仮想会議を行います。
今すぐ会議
今日の勤務時間内に
予約ページの作成時に設定していた場合に表示される
当サイトにおいて取得した個人情報は、取得目的の範囲内で利用し、これらの目的以外で利用する場合には、利用者に対し、事前に確認または同意を求めます
Contoso Health のポリシーとプラクティスが、お客様のデータの使用に適用されます
Microsoft Bookings の機能を利用しています
© 2023 Microsoft

Bookingsの予約ページで、顧客が［将来の日付にスケジュール］または［今すぐ会議］からオンデマンドの［今すぐ会議］を選択できることが、Teams Premium独自の機能となります。その場合は、日時を指定する必要はありません。Teams Premiumの機能でない場合は、常に［将来の日付にスケジュール］の画面のみとなり、日時を指定します。

最初にサービスを選択します。サービスには内容や所要時間などが記載されています。また、必要に応じてスタッフを指名することもできます。あらかじめ設定されたスタッフの空き時間が表示されるので、都合の良い時間帯を選ぶことができます。予約ページには顧客の名前やメールアドレスなどの必要事項を入力する欄もあります。図にあるような、［予約をすると面談のみに使用される個人情報が収集されます。］といったメッセージは、あらかじめスタッフが予約ページを作成する際に設定を行っている場合に表示されます。顧客はこのチェックをオンにすれば予約できます。また、あらかじめスタッフが予約ページを作成する際に設定を行っていれば、確認コードを入力してもらうこともできます。

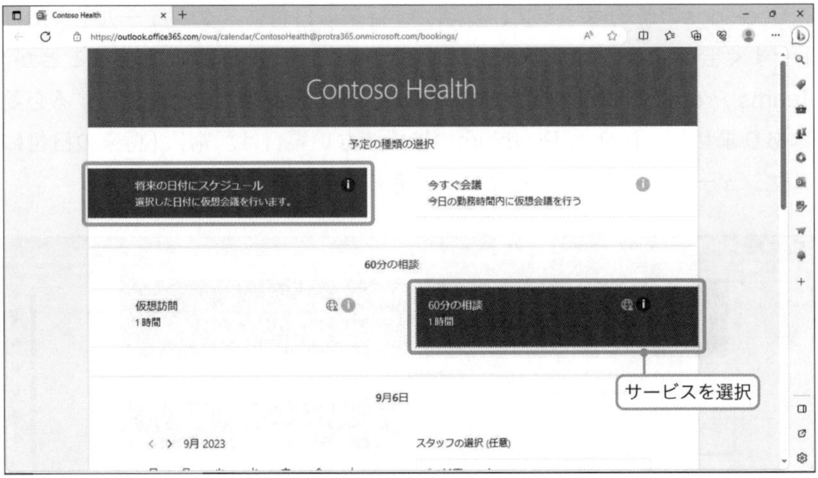
Contoso Health
https://outlook.office365.com/owa/calendar/ContosoHealth@protra365.onmicrosoft.com/bookings/
Contoso Health
予定の種類の選択
将来の日付にスケジュール
選択した日付に仮想会議を行います。
今すぐ会議
今日の勤務時間内に仮想会議を行う
60分の相談
仮想訪問
1 時間
60分の相談
1 時間
サービスを選択
9月6日
9月 2023
スタッフの選択 (任意)

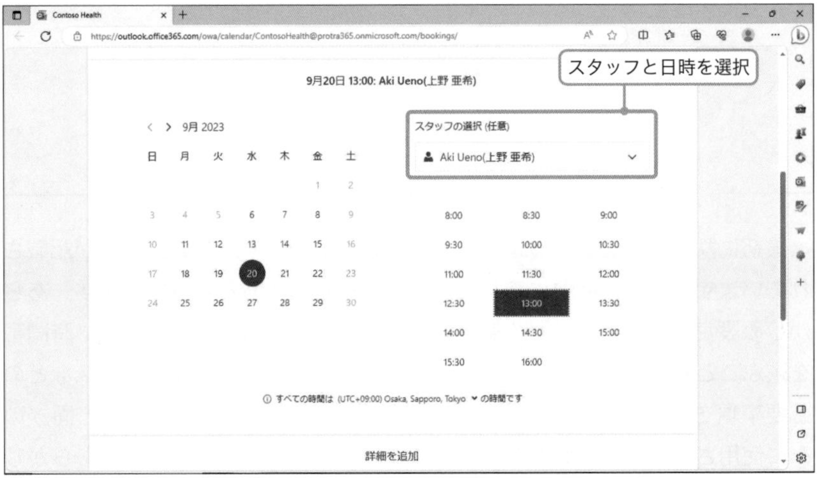
Contoso Health
https://outlook.office365.com/owa/calendar/ContosoHealth@protra365.onmicrosoft.com/bookings/
スタッフと日時を選択
9月20日 13:00: Aki Ueno(上野 亜希)
9月 2023
日 月 火 水 木 金 土
スタッフの選択 (任意)
Aki Ueno(上野 亜希)
8:00 8:30 9:00
9:30 10:00 10:30
11:00 11:30 12:00
12:30 13:00 13:30
14:00 14:30 15:00
15:30 16:00
すべての時間は (UTC+09:00) Osaka, Sapporo, Tokyo の時間です
詳細を追加

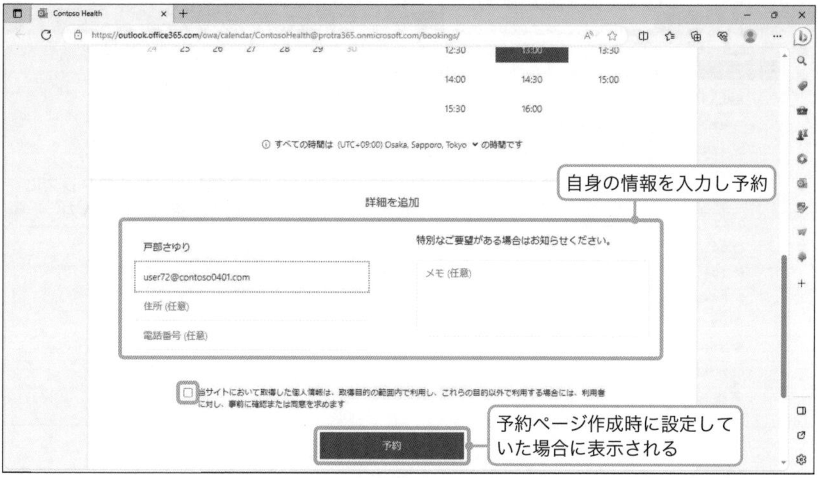
Contoso Health
https://outlook.office365.com/owa/calendar/ContosoHealth@protra365.onmicrosoft.com/bookings/
12:30
13:00
13:30
14:00
14:30
15:00
15:30
16:00
すべての時間は (UTC+09:00) Osaka, Sapporo, Tokyo の時間です
自身の情報を入力し予約
詳細を追加
戸部さゆり
user72@contoso0401.com
住所 (任意)
電話番号 (任意)
特別なご要望がある場合はお知らせください。
メモ (任意)
当サイトにおいて取得した個人情報は、取得目的の範囲内で利用し、これらの目的以外で利用する場合には、利用者に対し、事前に確認または同意を求めます
予約
予約ページ作成時に設定していた場合に表示される

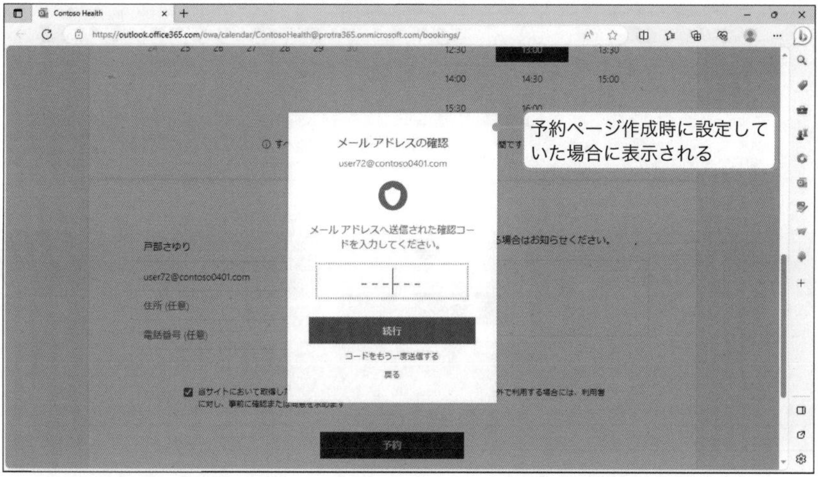
Contoso Health
https://outlook.office365.com/owa/calendar/ContosoHealth@protra365.onmicrosoft.com/bookings/
予約ページ作成時に設定していた場合に表示される
メール アドレスの確認
user72@contoso0401.com
メール アドレスへ送信された確認コードを入力してください。
続行
コードをもう一度送信する
戻る
戸部さゆり
user72@contoso0401.com
住所 (任意)
電話番号 (任意)
予約

Outlook
検索
ホーム
表示
ヘルプ
新規メール
クイック操作
開封済み / 未読
お気に入り
受信... 32
送信済...
下書き
フォルダー
削除... 77
迷惑メール
アーカイブ
メモ
優先
その他
フィルター
Contoso Health
メール アドレスの確認 22:01
お客様の確認コードは 751040 これは、C...
Contoso Health
キャンセル済み: 60分の相談 21:59
Contoso Health こんにちは、戸部さゆり...
Contoso Health
確認済み: 60分の相談 21:59
booking.ics
Contoso Health
確認済み: 60分の相談 15:43
booking.ics
Contoso Health
アラーム: 仮想訪問 13:00
Microsoft Viva
メール アドレスの確認
このメッセージは信頼できる送信者からのものです。
Contoso Health
宛先: Sayuri Tobe(戸部 さゆり)
登録したメールアドレスに
届く確認コードを入力
お客様の確認コードは
751040
Powered by Microsoft Bookings

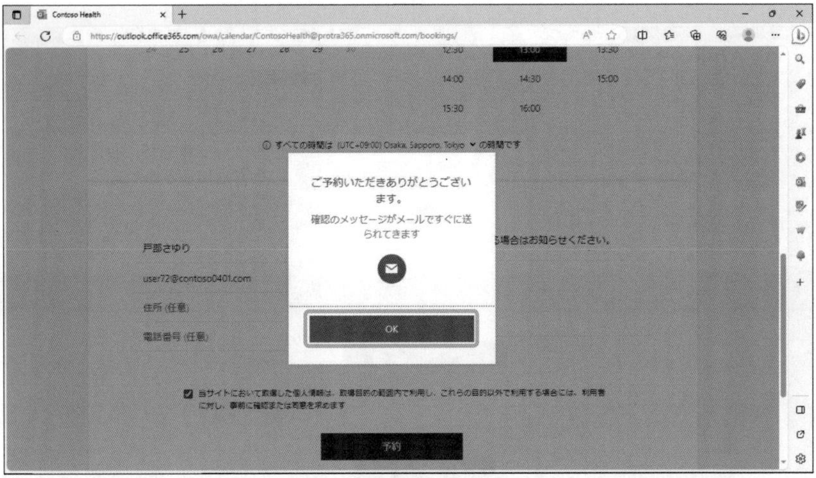
Contoso Health
https://outlook.office365.com/owa/calendar/ContosoHealth@protra365.onmicrosoft.com/bookings/
14:00
14:30
15:00
15:30
16:00
すべての時間は (UTC+09:00) Osaka, Sapporo, Tokyo の時間です
ご予約いただきありがとうございます。
確認のメッセージがメールですぐに送られてきます
OK
戸部さゆり
user72@contoso0401.com
住所 (任意)
電話番号 (任意)
当サイトにおいて取得した個人情報は、取得目的の範囲内で利用し、これらの目的以外で利用する場合には、利用者に対し、事前に確認または同意を求めます
予約

予約できるとバーチャル面談がスケジュールされ、Teams会議のURLが自動的に生成されます。顧客には、電子メールで予約の確認とキャンセルの方法が通知されます。

バーチャル面談は、管理者やスタッフにもメール通知されるので、バーチャル面談の予約状況や内容を把握しやすくなります。

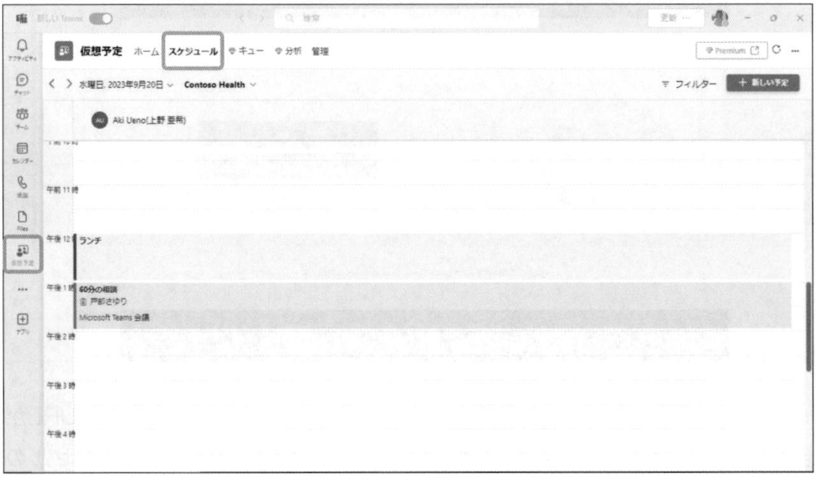

スタッフのメール画面

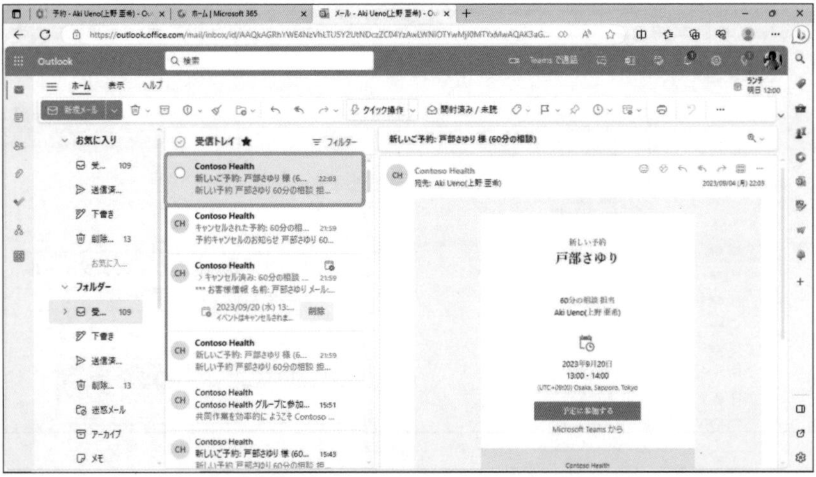

6-4 バーチャル面談への参加

予約した日時になったら、会議に参加するスタッフはメールやTeamsの[カレンダー]、仮想予定アプリなどから、バーチャル面談となるTeams会議に参加します。

通常のTeams会議と変わらないため、通常のTeams会議の操作で、顧客とバーチャル面談を行うことができます。

Teamsカレンダーからの参加

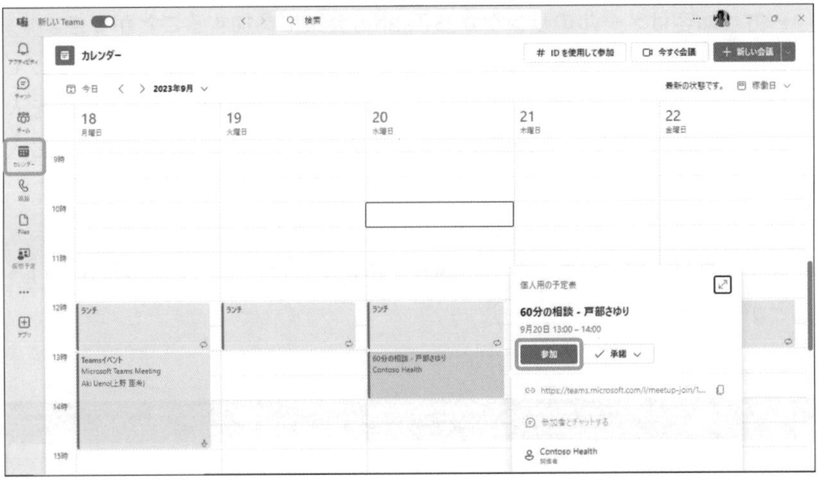

Outlookメールからの参加

一方、顧客はメールのリンクからTeams会議に参加することができます。Teamsデスクトップクライアントから参加できますが、インストールしていない場合でもブラウザーやモバイルデバイスから参加できます。名前を入力して[開始]をクリックします。マイクやカメラを許可して、ロビーに入ります。

スタッフがロビー待ちとなった顧客を許可すれば、バーチャル面談を行うことができます。

顧客の参加画面

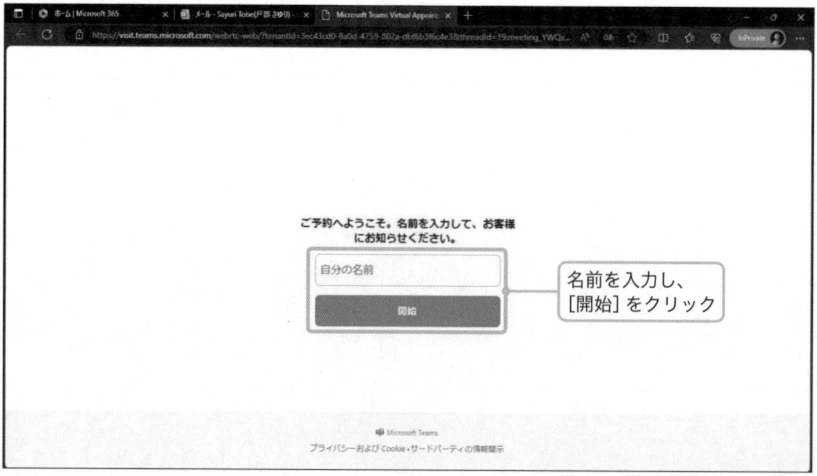

ビデオ オフ
マイク オフ
デバイスの設定
ロビーに入る
[ロビーに入る] をクリックして開始を待つ
プライバシーおよび Cookie・サードパーティの情報開示

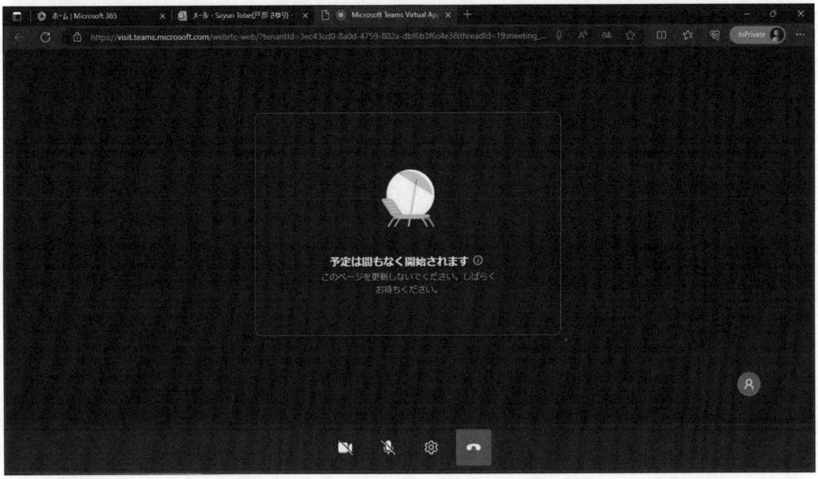
予定は間もなく開始されます
このページを更新しないでください。しばらくお待ちください。

スタッフの画面

60分の相談 - 戸部さゆり
02:28
退出
ロビーで待機しています
戸部さゆり
拒否
参加許可
参加を許可し、面談を開始
他のユーザーの参加を待っています...

60分の相談 - 戸部さゆり
02:43
退出
制限付き通話機能
一部の Teams 機能は、この通話では使用できません。
戸部さゆり
通常のTeams会議の操作が可能

顧客の画面

バーチャル面談のTeams会議でも、ビデオや音声でコミュニケーションを取ったり、画面共有でプレゼンテーションを行ったりなどが可能です。

画面共有時のスタッフの画面

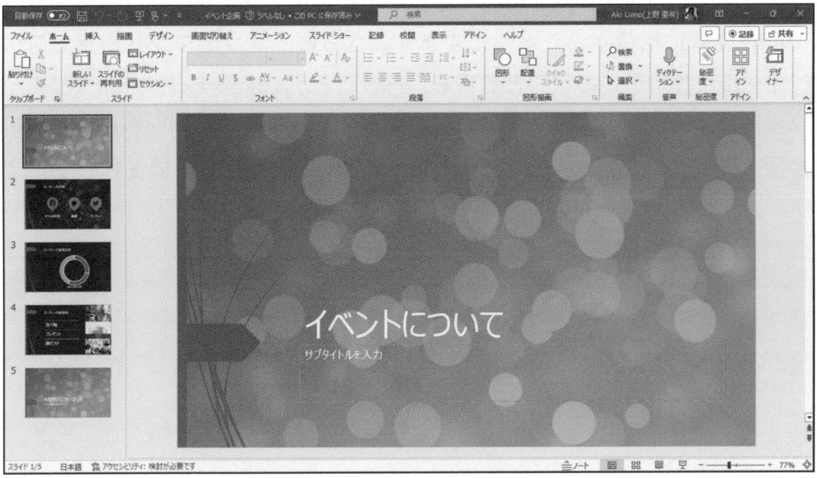

画面共有時の顧客の画面

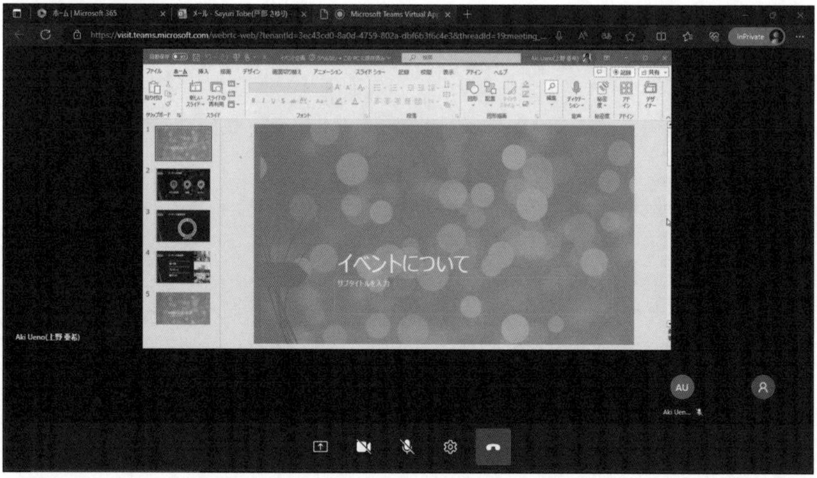

　バーチャル面談では、Teams Premiumがあれば、「キュー」と呼ばれる待合室の機能が利用できます。キューとは、多数の顧客から一度に予約や問い合わせがあった場合に、それらを順序立てて対応するためのシステムです。現在のキューの状況や待ち時間を確認することができます。キューから直接Teams会議に招待することもできます。さらに、オンデマンド予定とスケジュールされた予定の状態と監視も、行うことができます。メールでリマインダーを送ることができます。これらの機能により、効率的かつ円滑に予定管理を行うことが可能になります。今後さらなる機能も追加される予定です。

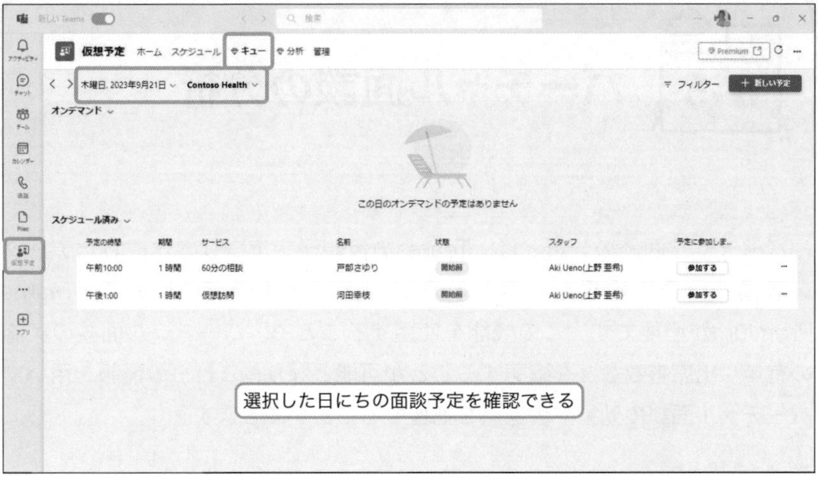
仮想予定
ホーム
スケジュール
キュー
分析
管理
木曜日, 2023年9月21日
Contoso Health
フィルター
新しい予定
オンデマンド
この日のオンデマンドの予定はありません
スケジュール済み
予定の時間
期間
サービス
名前
状態
スタッフ
午前10:00
1 時間
60分の相談
戸部さゆり
開始前
Aki Ueno(上野 亜希)
参加する
午後1:00
仮想訪問
河田幸枝
選択した日にちの面談予定を確認できる

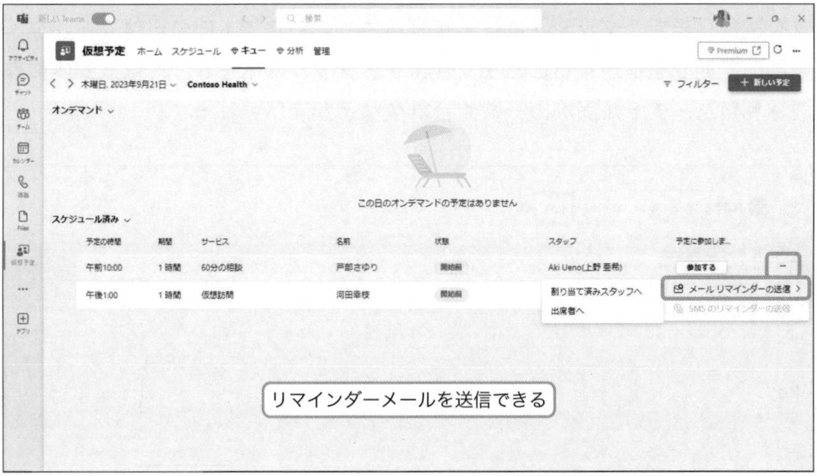
仮想予定
ホーム
スケジュール
キュー
分析
管理
木曜日, 2023年9月21日
Contoso Health
フィルター
新しい予定
オンデマンド
この日のオンデマンドの予定はありません
スケジュール済み
午前10:00
1 時間
60分の相談
戸部さゆり
開始前
Aki Ueno(上野 亜希)
参加する
午後1:00
仮想訪問
河田幸枝
割り当て済みスタッフへ
出席者へ
メール リマインダーの送信
SMS のリマインダーの送信
リマインダーメールを送信できる

6-5 バーチャル面談の分析

バーチャル面談の分析とは、Teamsの仮想予定アプリで作成したデータを収集し、その結果をレポート形式で表示する機能のことで、Teams Premiumが必要です。この機能を使用することで、バーチャル面談の実施の有無や出席者数などを確認することが可能となり、これらの情報を用いてバーチャル面談の効果や改善点を把握することができます。

バーチャル面談の分析を活用するためには、仮想予定アプリの［分析］タブを選択します。ダッシュボードが表示され、ここで上部の日付フィルターを用いて期間を指定することができます。ダッシュボード上には期間内に作成されたバーチャル面談の一覧や合計数などが表示されます。

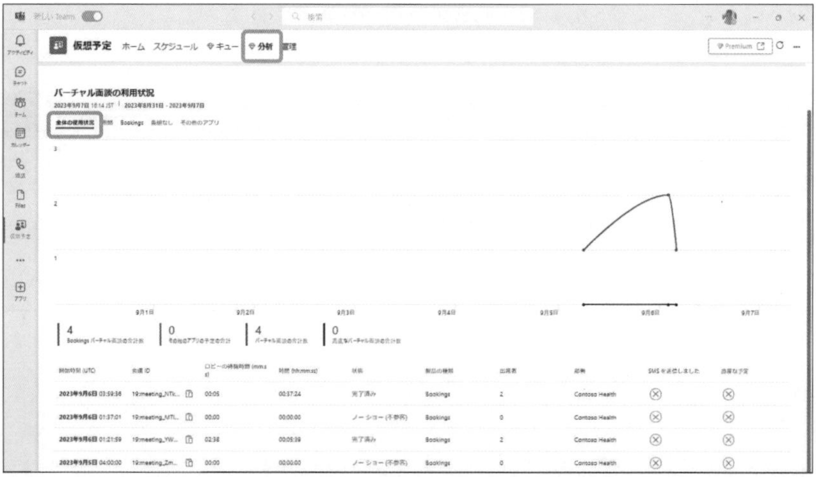

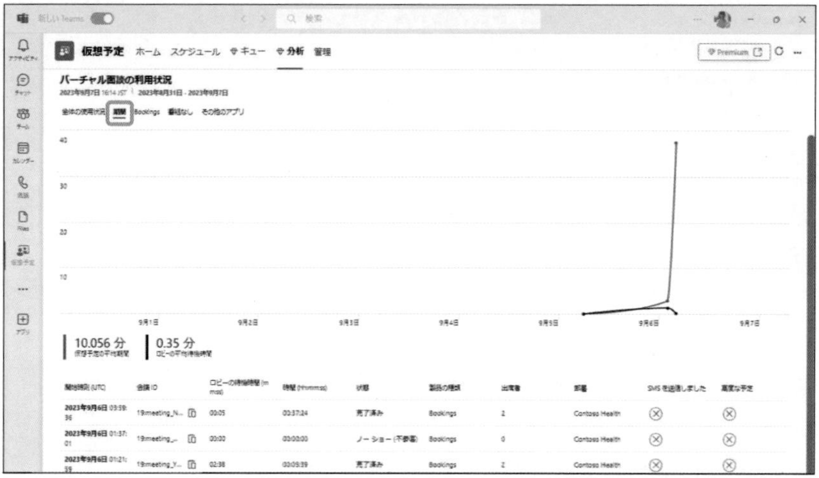
新しい Teams
検索
仮想予定
ホーム
スケジュール
キュー
分析
管理
Premium
バーチャル面談の利用状況
2023年9月7日 16:14 JST
2023年8月31日 - 2023年9月7日
Bookings
その他のアプリ
40
30
20
10
9月1日
9月2日
9月3日
9月4日
9月5日
9月6日
9月7日
10.056 分
0.35 分
開始時刻 (UTC)
会議 ID
SMS を送信しました
2023年9月6日 03:39:36
19:meeting_N...
00:05
00:37:24
完了済み
Bookings
2
Contoso Health
2023年9月6日 01:37:01
19:meeting_...
00:00
00:00:00
ノーショー（不参加）
Bookings
0
Contoso Health
2023年9月6日 01:21:59
19:meeting_Y...
02:38
00:05:39
完了済み
Bookings
2
Contoso Health

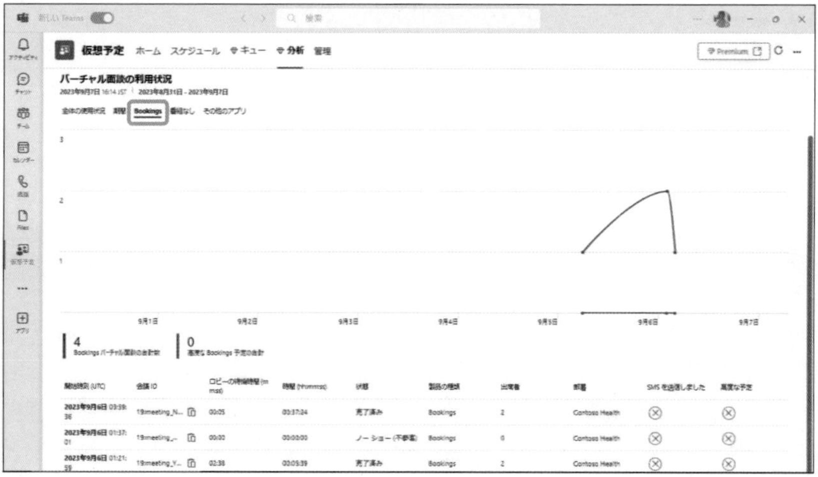
新しい Teams
検索
仮想予定
ホーム
スケジュール
キュー
分析
管理
Premium
バーチャル面談の利用状況
2023年9月7日 16:14 JST
2023年8月31日 - 2023年9月7日
Bookings
その他のアプリ
3
2
1
9月1日
9月2日
9月3日
9月4日
9月5日
9月6日
9月7日
4
0
開始時刻 (UTC)
会議 ID
SMS を送信しました
2023年9月6日 03:39:36
19:meeting_N...
00:05
00:37:24
完了済み
Bookings
2
Contoso Health
2023年9月6日 01:37:01
19:meeting_...
00:00
00:00:00
ノーショー（不参加）
Bookings
0
Contoso Health
2023年9月6日 01:21:59
19:meeting_Y...
02:38
00:05:39
完了済み
Bookings
2
Contoso Health

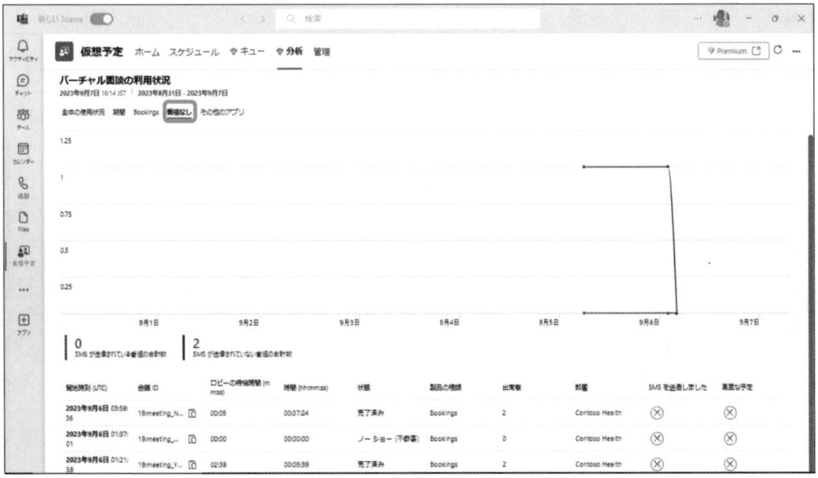

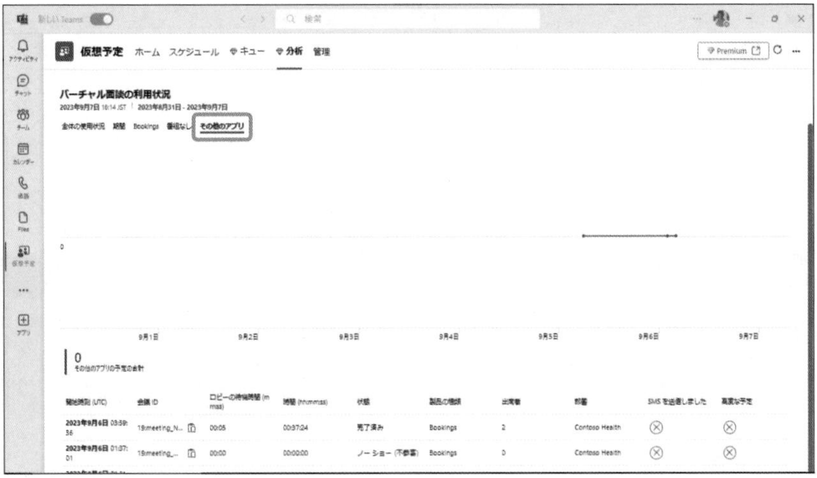

このように、バーチャル面談の分析機能を活用することで、バーチャル面談をより効果的に管理し、改善点を見つけ出すことが可能となります。

第7章

質の高いウェビナーを実現

7-1 ウェビナーとは

ウェビナーとは、一般的には物理的な空間での講演やセミナーをインターネット上で提供するという一種の革新的なサービスです。それは、物理的な制限から解放された形での情報共有や交流を可能にします。このような仕組みは、昨今のデジタル化が進む社会で一層その重要性を増しています。

そしてそのウェビナーを、私たちが日々利用しているTeamsというプラットフォームで手軽に行うことが可能です。Teamsというツールは、単なる会議ツール以上のものであり、その機能の一つとしてウェビナーの開催が含まれています。Teamsの会議を設定したことがあれば、それとほぼ同じ感覚でウェビナーを設定することができます。例えば、Teams会議を開催するのと同じような手順で、ウェビナーの設定を行うことが可能です。この点は、誰もがすぐに始められる手軽さという大きな利点を持っています。

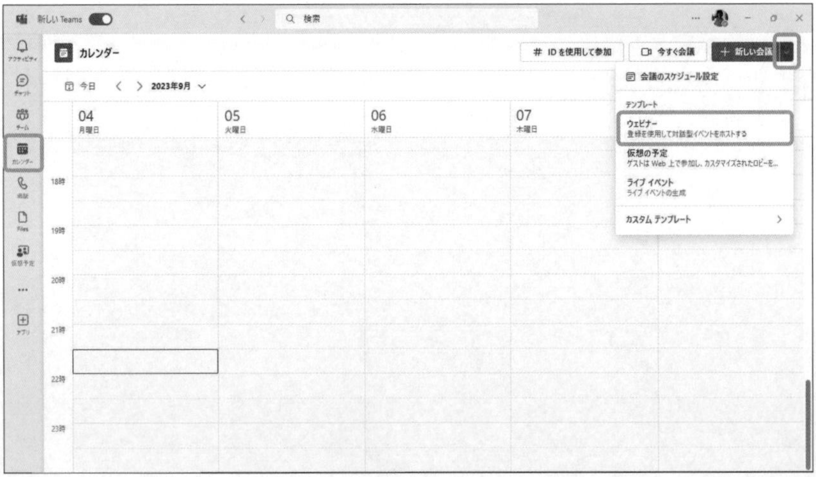

さらに、ウェビナーの大きな特徴として参加者数の多さが挙げられます。Teamsのウェビナーには、本書執筆時点では、最大1000人まで参加することができます。つまり、これだけの人数を一度に集めることが可能なのです。そしてその参加方法も多様で、Teamsのデスクトップクライアントからの参加はもちろん、ブラウザーからでも参加することができます。さらに特定の電話番号を指定することで、電話からでも参加することが可能になっています。これらのことから、ウェビナーはあらゆる環境から手軽に参加することができるという利点を持つと言えます。

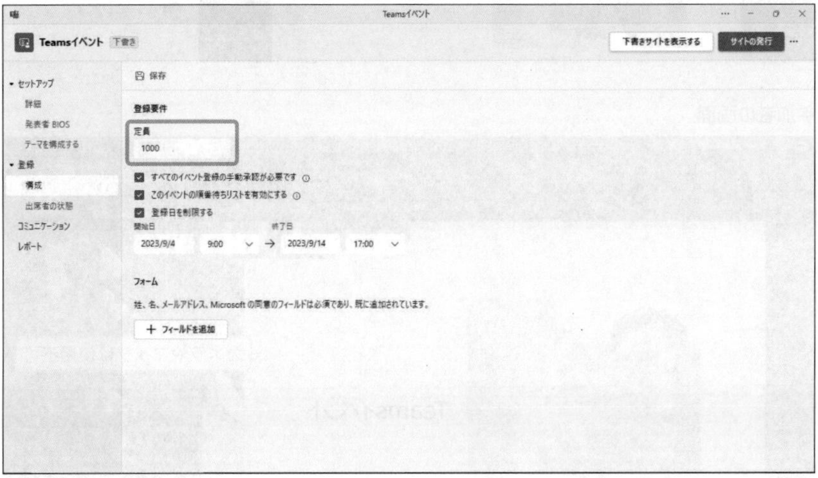

また、ウェビナーのもう一つの特徴としては、発表者として登録された人々だけが発言や画面共有を行うことができます。これにより、会議の進行をスムーズに行い、不必要な割り込みを防ぐことができます。一方で参加者側も、チャットやリアクションを通じて自分たちの意見や感想を伝えることができます。これにより、一方通行ではない、双方向のコミュニケーションが可能になります。

開催者や発表者の画面

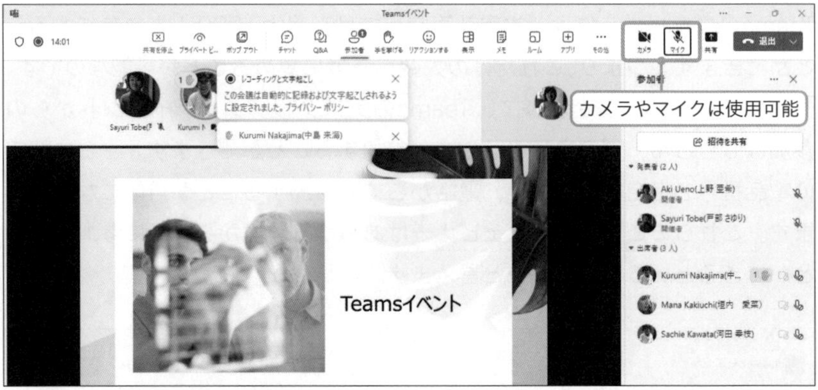

参加者の画面

スマートフォンから参加した画面

そして、ウェビナーは情報収集にも優れたツールとなります。事前のウェビナーへの申し込みフォームを通じて、参加者の情報やニーズを把握することが可能です。これにより、より良いウェビナーの提供や、参加者の関心に合った情報提供が行えます。これらの情報収集は、ウェビナーをより有効に活用するための重要な手段となります。

さらに、ウェビナーではその後の分析も容易に行うことができます。参加者の出席状況などをレポートとして確認することができ、ウェビナーの効果や改善点を把握することができます。これは、次回以降のウェビナーをより良くするための貴重なフィードバックになります。

このように、Teamsのウェビナーは多くの利点を備えており、インターネットを使って大勢の人と効果的に情報を共有するための便利なサービスです。その手軽さや多機能性は、あらゆる場面での情報共有を可能にします。そしてその情報共有は、ただ単に情報を伝えるだけでなく、より深い理解や有意義なコミュニケーションを生む原動力となります。

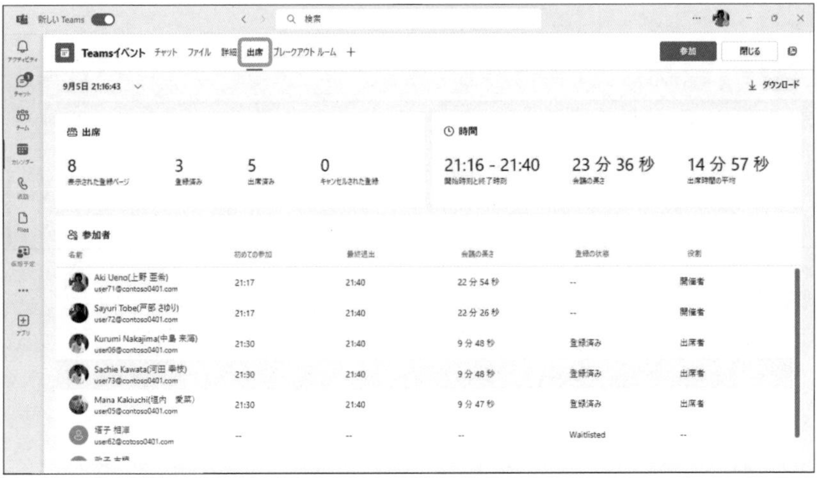

7-2 ウェビナーの計画／順番待ちリストと手動承認

　では、ウェビナーを計画する方法を解説します。ウェビナーは、Teamsの画面からウィザード形式で順次設定することができます。

1. Teamsの［カレンダー］画面の右上にある［新しい会議］の▽から［ウェビナー］をクリックします。

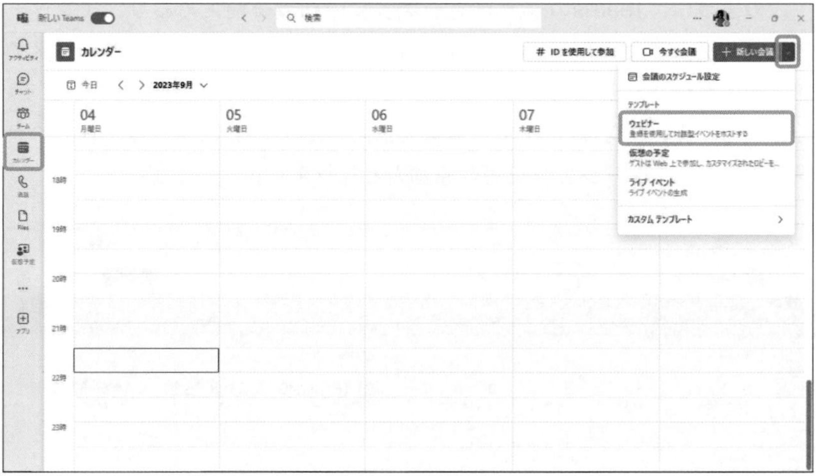

2. 左メニューの［セットアップ］にある［詳細］で、タイトルや開始日、終了日、説明、共同開催者、発表者などを指定します。

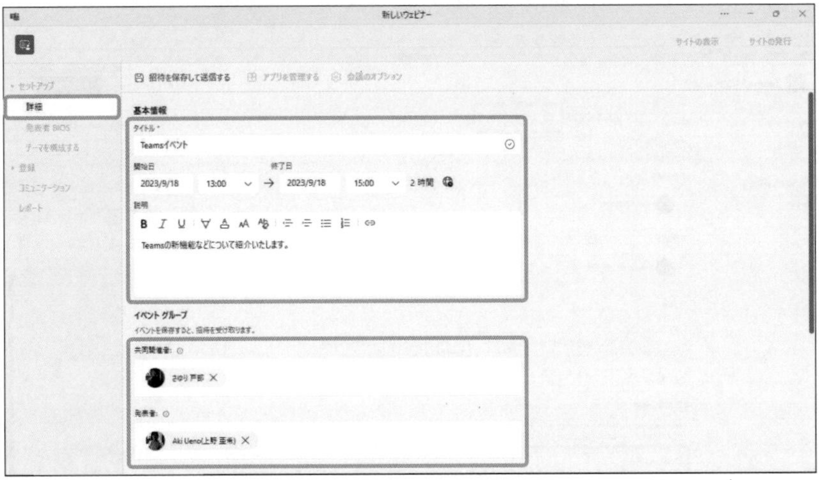

3. ［あなたの組織］または［公開］を選択します。これにより、申し込みサイトを作成し、参加者が組織内だけなのか、広く一般になるのかが決まります。
4. ［招待を保存して送信する］をクリックします。

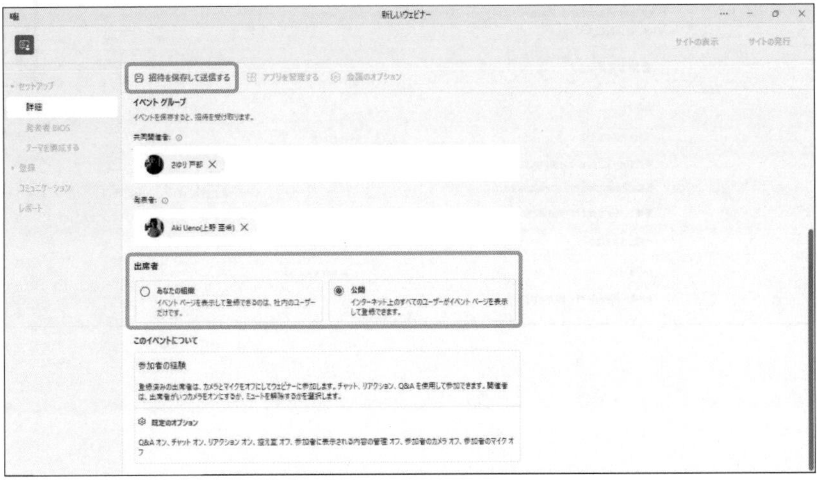

5. 下部の［既定のオプション］に表示されている情報を確認します。右上の［会議のオプション］からウェビナーに合わせて変更し、［保存］することができます。［控え室を有効にする］はお勧めのオプションです。

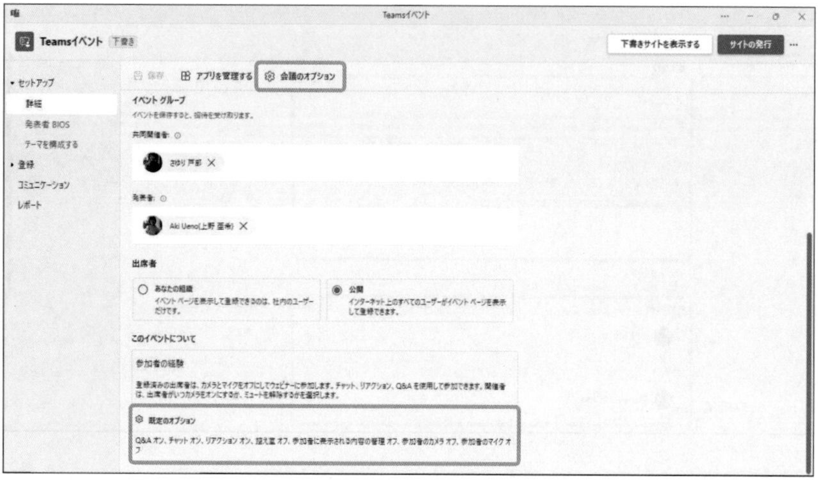

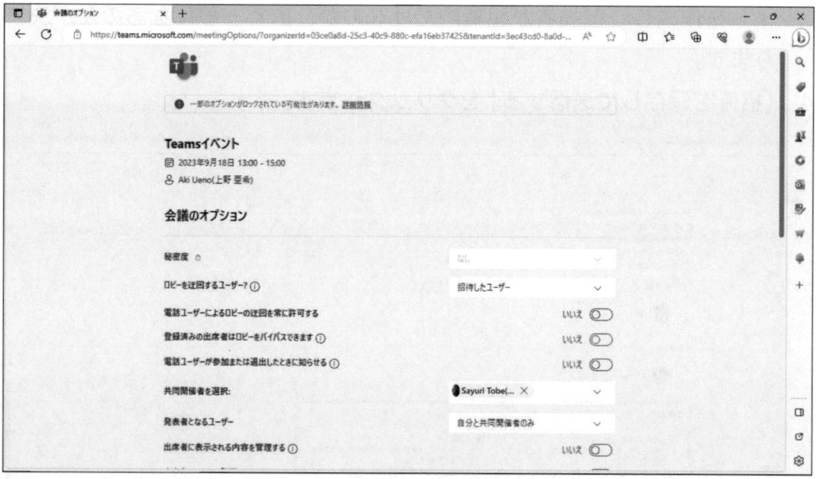

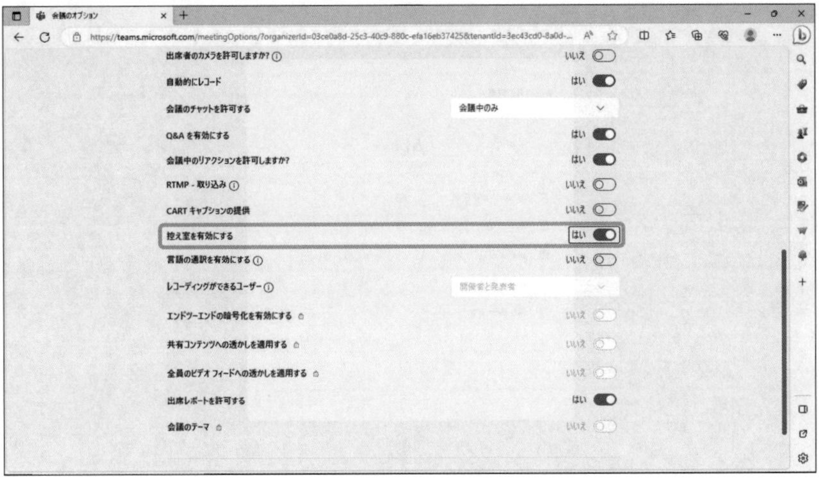

5. 左メニューの［セットアップ］にある［発表者 BIOS］で、［自己紹介］の［編集］から発表者のプロフィールなどを詳しく指定すると、登録フォームにも表示されます。

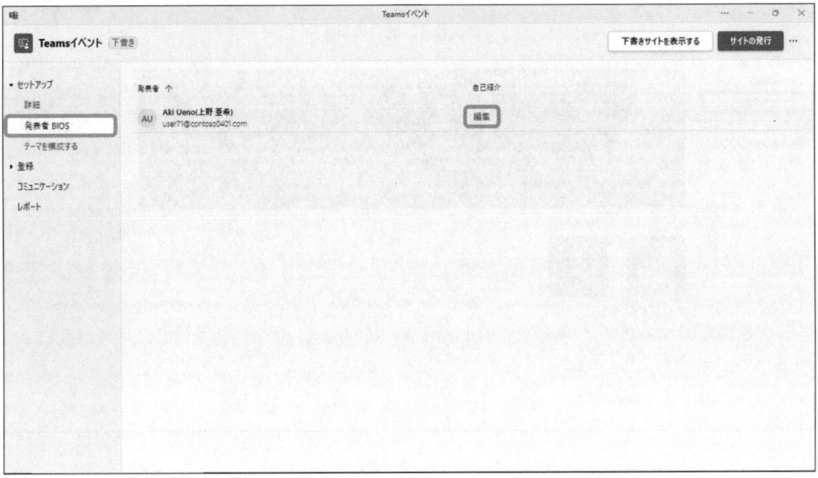

6. 左メニューの [セットアップ] にある [テーマを構成する] で、バナー画像やロゴ、テーマの色を変更します。

7. 左メニューの［登録］にある［構成］で、定員を指定します。最大数は1000です。また、以下のオプションが Teams Premium機能です。

- すべてのイベント登録の手動承認が必要です：ウェビナーの登録者は、ウェビナーの開催者が承認するとウェビナーに参加できます。
- このイベントの順番待ちリストを有効にする：定員を超える申し込みがあった場合に、キャンセル待ちが可能です。
- 登録日を制限する：指定した期間にウェビナーへの申し込みが可能です。

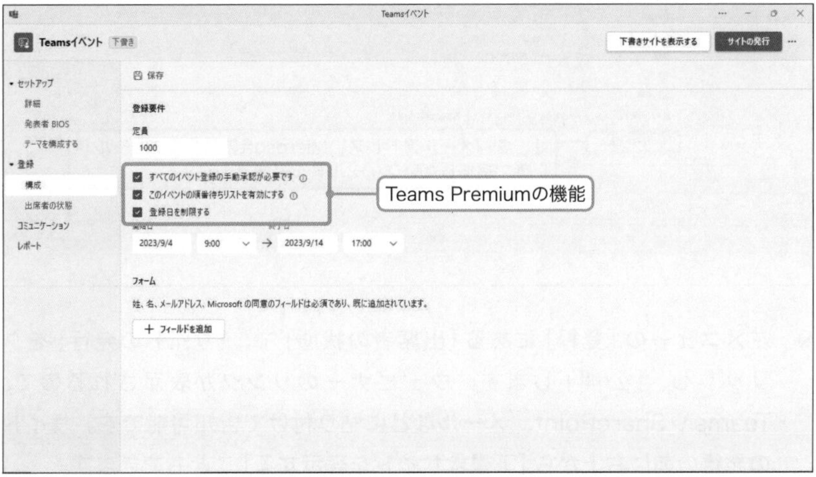

8. 登録フォームに追加するフィールドを指定します。姓、名、メールアドレス、Microsoftの同意のフィールドは必須であり、既に追加されています。

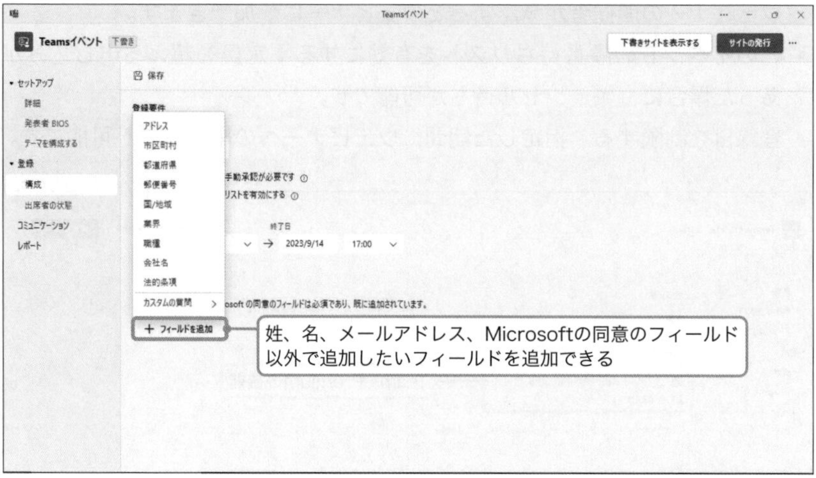

9. 左メニューの［登録］にある［出席者の状態］で、［サイトの発行］をクリックし、［公開］します。ウェビナーのリンクが表示されるので、TeamsやSharePoint、メールなどに貼り付けて告知可能です。サイトの発行の前に右上から［下書きサイトを表示する］こともできます。

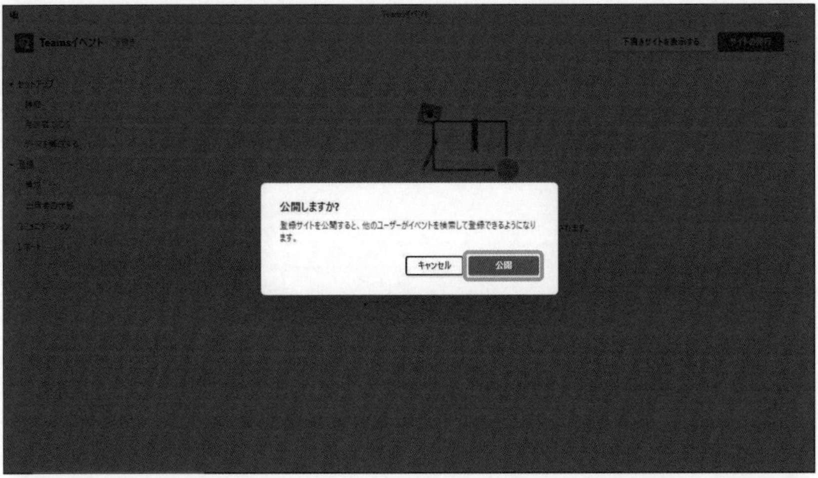
Teamsイベント
公開しますか?
登録サイトを公開すると、他のユーザーがイベントを検索して登録できるようになります。
キャンセル
公開

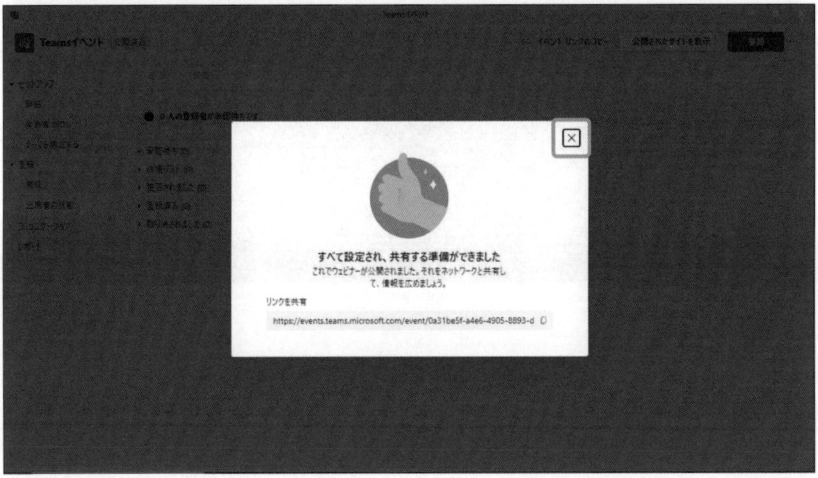
Teamsイベント
すべて設定され、共有する準備ができました
これでウェビナーが公開されました。それをネットワークと共有して、情報を広めましょう。
リンクを共有
https://events.teams.microsoft.com/event/0a31be5f-a4e6-4905-8893-d

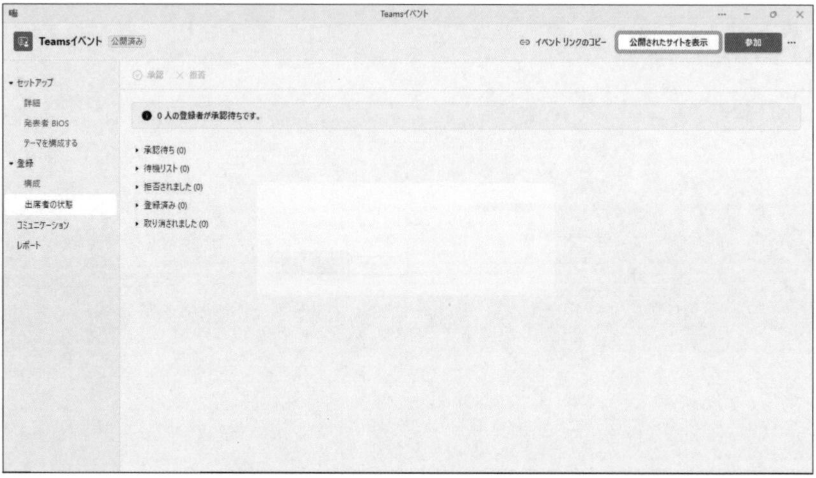

なお、ウェビナーを開催する場合は、開催者、共同開催者、発表者などの役割が重要となります。必要に応じて質問に答える担当者なども必要かもしれません。参加者のカメラとマイクは原則オフとし、質問がある場合は「手を挙げる」ボタンを使って挙手してもらう、などがよいでしょう。

7-3 ウェビナーの申し込みと承認

計画されたウェビナーを視聴するために申し込むには、どのようにすればよいのでしょうか？　ここでは、参加者がウェビナーを申し込む方法と、開催者側の対応について解説します。

1. 参加者は、告知された登録フォームを開いて参加登録を行います。

ウェビナーの開催者が、ウェビナー作成時にTeams Premiumの［すべてのイベント登録の手動承認が必要です］というオプションを指定していると、［承認のための送信］という操作を行う必要があります。姓、名、メールアドレス、Microsoftの同意のフィールドは必須です。組織内のユーザーがサインインして参加登録する場合は、姓、名、メールアドレスは、既に指定されています。ウェビナーの開催者が、それ以外の項目を用意している場合は、必要に応じて指定します。

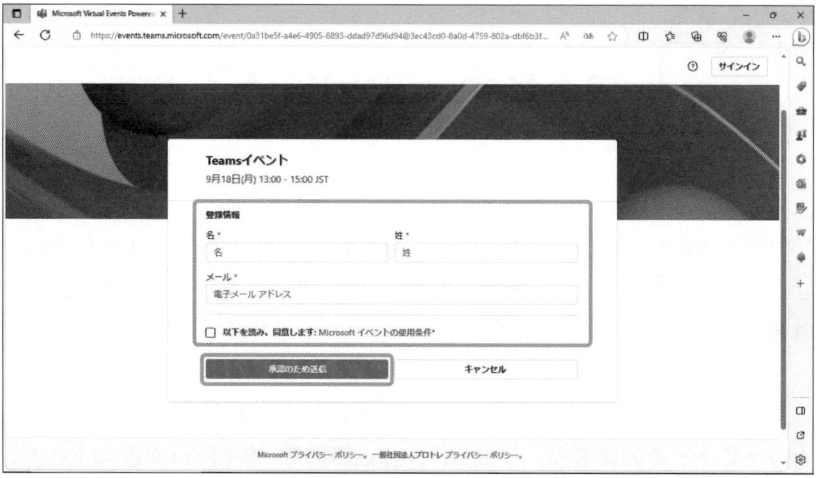

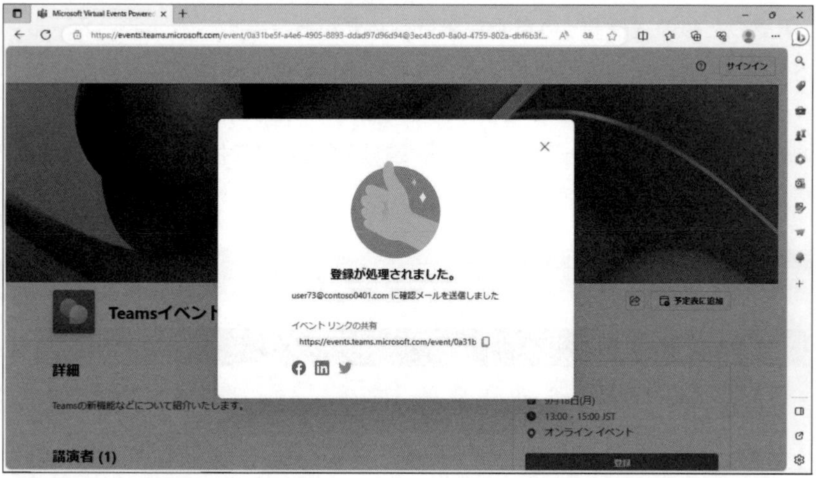

参加者側の登録が終わりました。なお、参加登録は、モバイルの画面からも可能です。参加登録をリクエストした旨のメールが届きます。

モバイルでの登録

ウェビナーの開催者は、告知後、出席者の状況を確認することができます。当該ウェビナーの予定を開き、[出席] タブを選択します。[ダウンロード] をクリックしてCSV形式で取得することもできます。

2. ウェビナーの開催者は、指定したオプションによっては参加者を承認する作業が必要になります。具体的には、ウェビナー作成時にTeams Premiumの［すべてのイベント登録の手動承認が必要です］オプションを開催者が指定している場合です。ウェビナーの開催者は、当該ウェビナーの予定を開き、［イベントを管理する］をクリックして、［登録］［出席者の状態］から登録者が参加できるかどうかの承認作業を行います。

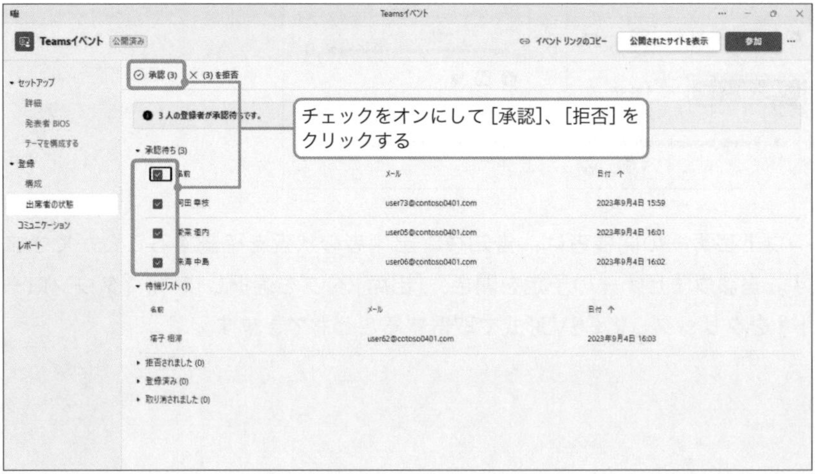

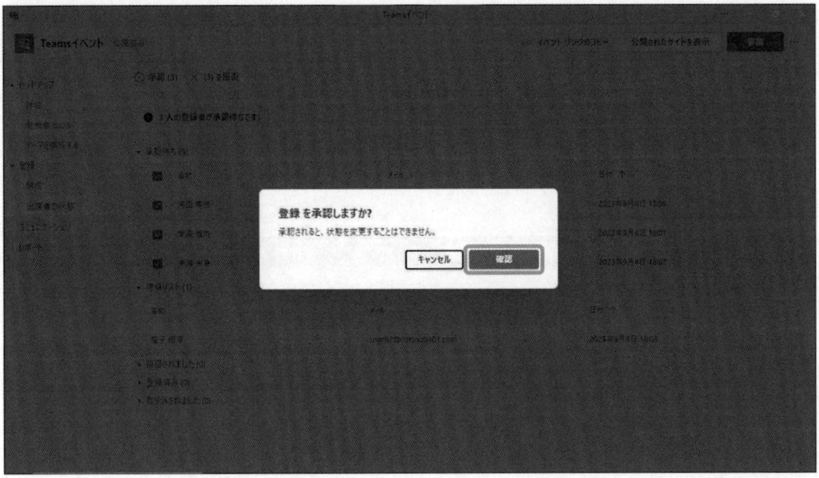
登録 を承認しますか?
承認されると、状態を変更することはできません。
キャンセル
確認

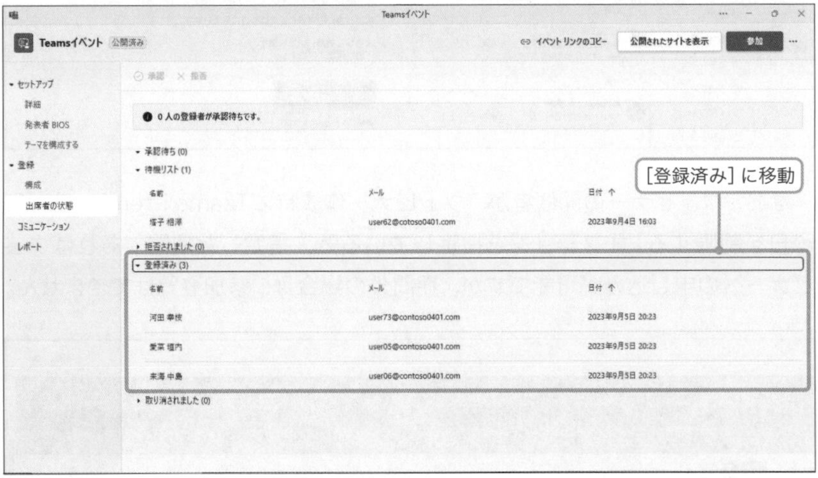
Teamsイベント
Teamsイベント
公開済み
イベント リンクのコピー
公開されたサイトを表示
参加
承認
拒否
セットアップ
詳細
発表者 BIOS
テーマを構成する
登録
構成
出席者の状態
コミュニケーション
レポート
0 人の登録者が承認待ちです。
承認待ち (0)
待機リスト (1)
名前
メール
日付
user62@cotoso0401.com
2023年9月4日 16:03
拒否されました (0)
登録済み (3)
名前
メール
日付
user73@contoso0401.com
2023年9月5日 20:23
user05@contoso0401.com
2023年9月5日 20:23
user06@contoso0401.com
2023年9月5日 20:23
取り消されました (0)
[登録済み] に移動

3. **開催者に承認されると、登録した参加者のメールアドレス宛てに参加用のリンクが届きます。参加者はメールの中の［イベントに参加する］をクリックすれば参加することができるようになります。**

都合が悪くなった場合は、同じメールから［登録をキャンセルする］でキャンセルすることもできます。

なお、ウェビナーの開催者が、ウェビナー作成時にTeams Premiumの［登録日を制限する］オプションを指定していると、指定した期間であればウェビナーへの申し込みが可能ですが、期間外の場合は、参加登録はできません。

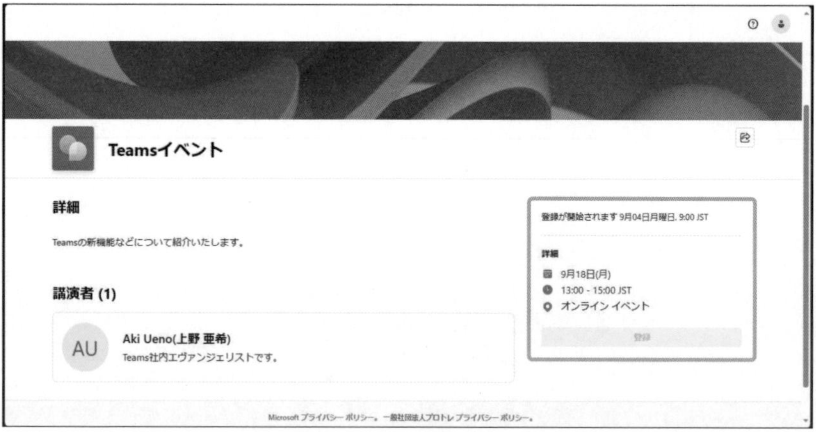

また、既に定員に達しているイベントに参加登録をした場合、ウェビナー作成時にTeams Premiumの［このイベントの順番待ちリストを有効にする］オプションをウェビナーの開催者が指定していると、参加登録画面では、［順番待ちリストに追加］となり、いわゆるキャンセル待ちとなります。誰かがキャンセルをすると、順番待ちリストから自動的に承認待ちリストに加えられます。

7-4 ウェビナーの開催とグリーンルーム

ここでは、ウェビナーの開催者がウェビナーを開始する方法を解説します。

まずは、ウェビナーの開始前に開催者及び共同開催者、発表者が参加します。これは、Teamsの［カレンダー］やOutlookなどから通常のTeams 会議と同じ方法で参加すればよいだけです。

Teams Premiumがあれば、ウェビナーでグリーンルーム（控室）を有効にすることができます。前述したグリーンルーム（控室）の機能をフル活用して、接続確認やリハーサルなどを行います。

Teamsカレンダーからの参加

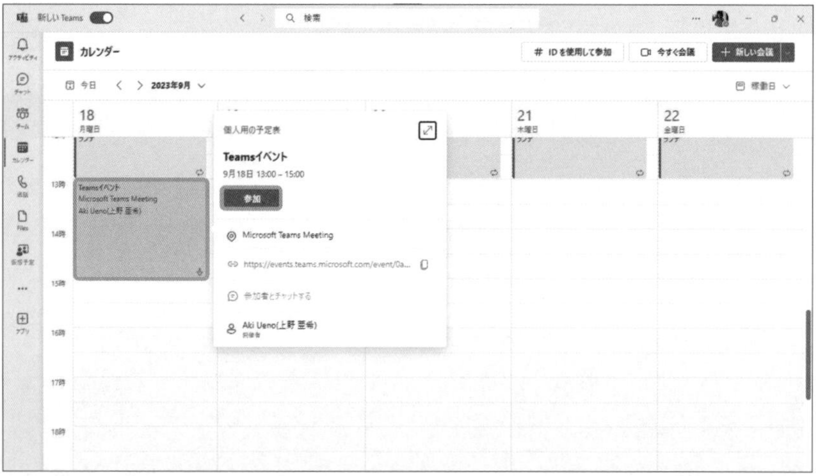

Outlook予定表からの参加

グリーンルーム（控室）

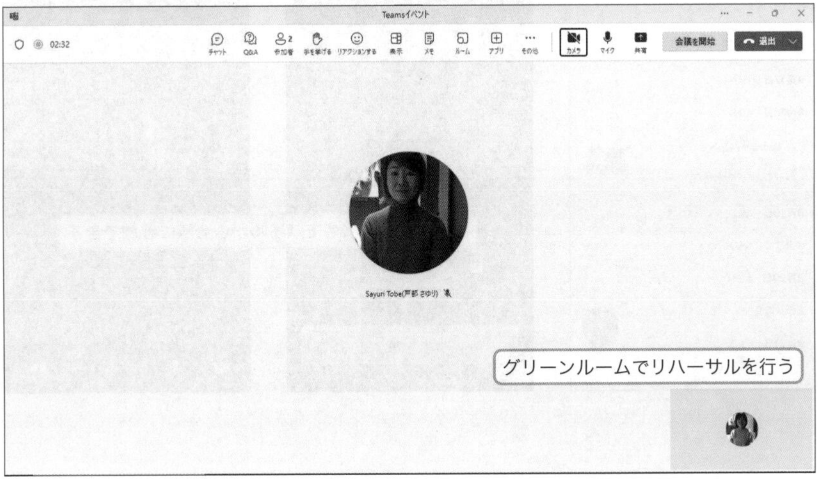

Teamsイベント
03:59
会議を開始
退出
ノートはありません
Teamsイベント
Sayuri Tobe(戸部さゆり)
1/14
9月
検索
9月17日 日曜日
9月18日 月曜日
Teamsイベント
13:00 - 15:00
Microsoft Teams Meeting
参加
9月19日 火曜日
会議はありません
9月20日 水曜日
会議はありません
9月21日 木曜日
Teamsイベント
ビデオ オフ
マイク オフ
iPhone
今すぐ参加
その他の参加オプション
Teamsイベント
開催者・発表者もモバイルから会議に参加できる

接続確認やリハーサルが終われば、ウェビナーの開催者は、[会議を開始] をクリックして、本番のウェビナーを開始します。ウェビナーの開催者及び共同開催者、発表者の基本的な操作は、通常のTeams会議に同じです。ウェビナーが終わったら、終了します。

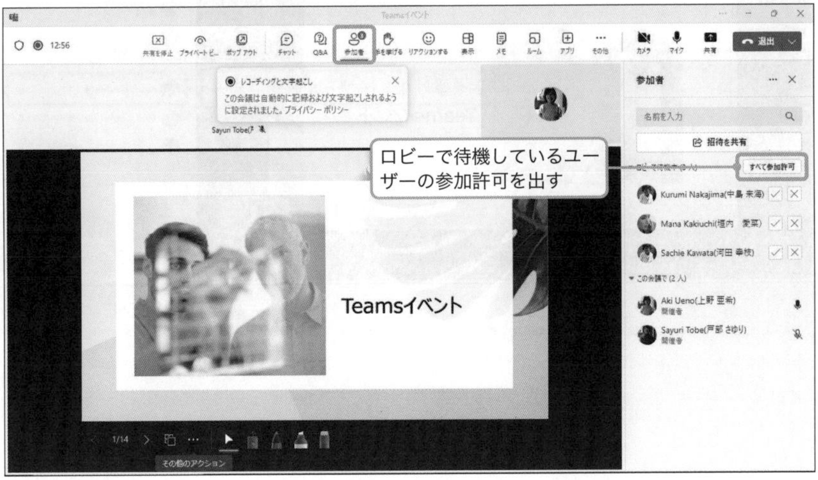

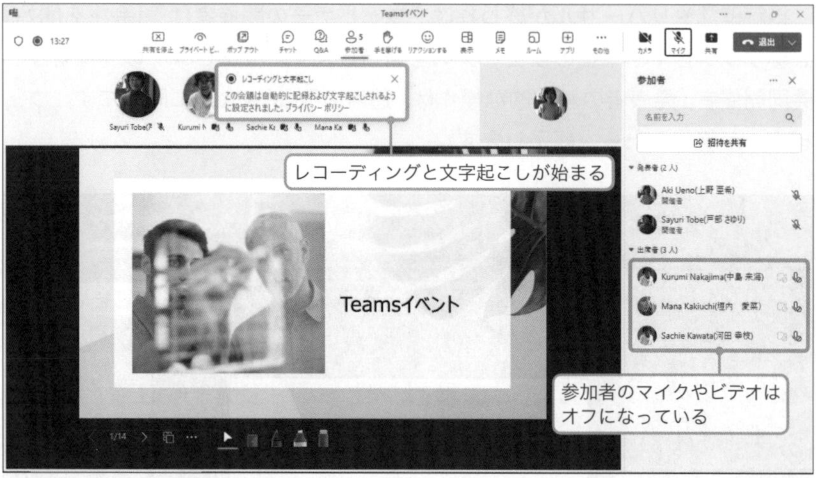
レコーディングと文字起こしが始まる
参加者のマイクやビデオはオフになっている
Teamsイベント

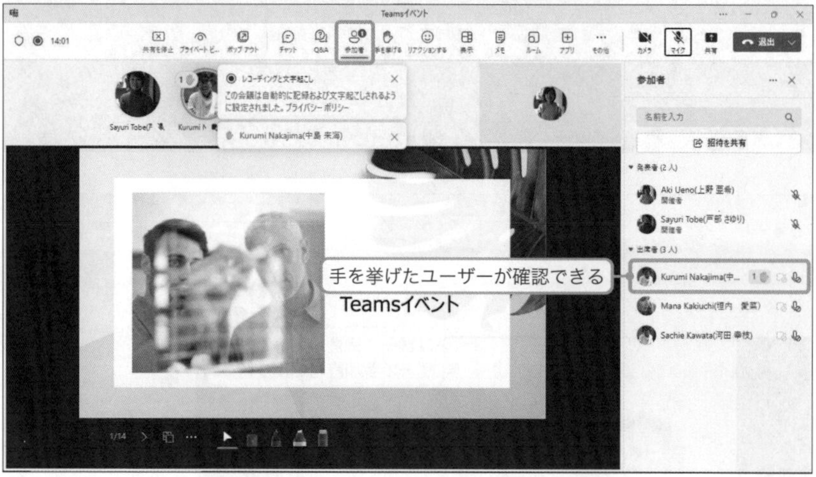
手を挙げたユーザーが確認できる
Teamsイベント

Teamsイベント
15:00
退出
ノートはありません
ライブ キャプションをオンにする
レコーディングと文字起こし
会議情報
背景の効果
言語と音声
設定
ヘルプ
Teamsイベント
1/14

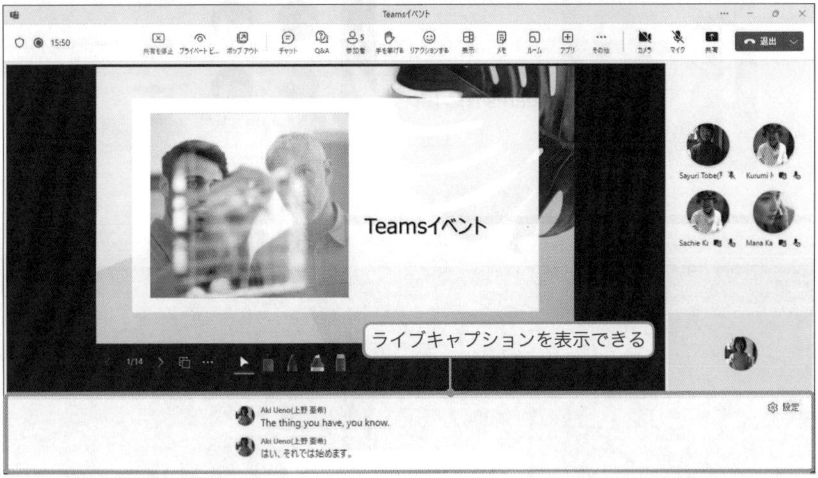
Teamsイベント
15:50
退出
Teamsイベント
ライブキャプションを表示できる
1/14
Aki Ueno(上野 亜希)
The thing you have, you know.
Aki Ueno(上野 亜希)
はい、それでは始めます。
設定

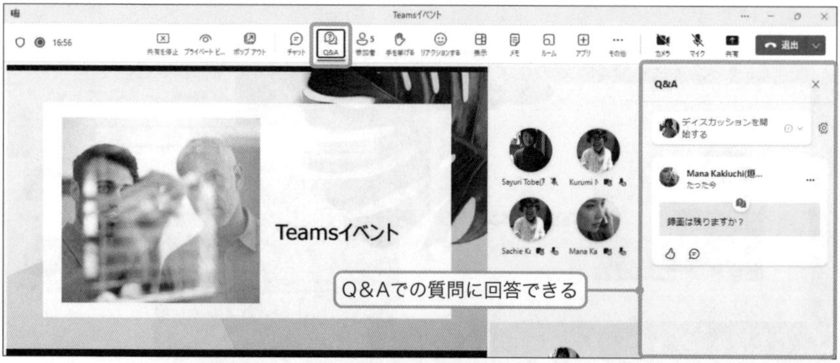
Teamsイベント
16:56
共有を停止
チャット
Q&A
参加者
手を挙げる
リアクションする
表示
メモ
ルーム
アプリ
その他
カメラ
マイク
共有
退出
Q&A
ディスカッションを開始する
Mana Kakiuchi(垣...
たった今
録画は残りますか？
Teamsイベント
Q&Aでの質問に回答できる

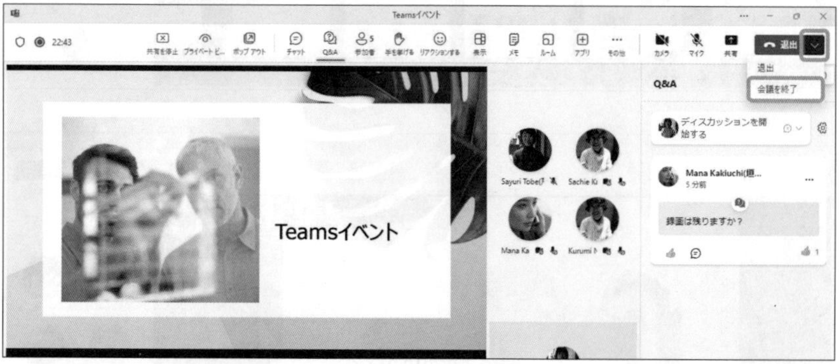
Teamsイベント
22:43
退出
退出
会議を終了
Q&A
ディスカッションを開始する
Mana Kakiuchi(垣...
5 分前
録画は残りますか？
Teamsイベント

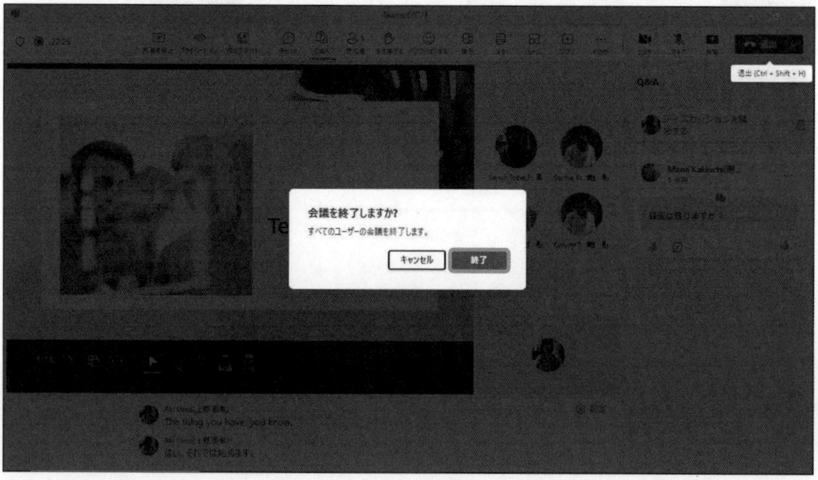
退出 (Ctrl + Shift + H)
会議を終了しますか?
すべてのユーザーの会議を終了します。
キャンセル
終了

7-5 ウェビナーへの参加

ここでは、参加者がウェビナーに参加する方法を解説します。

参加者が参加登録すると、メールアドレス宛てに参加用のリンクが届きます。参加者はこのリンクからウェビナーに参加します。なお、開催者がウェビナー作成時にTeams Premiumの［すべてのイベント登録の手動承認が必要です］オプションを指定している場合は、ウェビナーの開催者の承認後に参加用のリンクが届きます。

ウェビナーの開始時間になったら、メールの中の［イベントの参加］をクリックします。

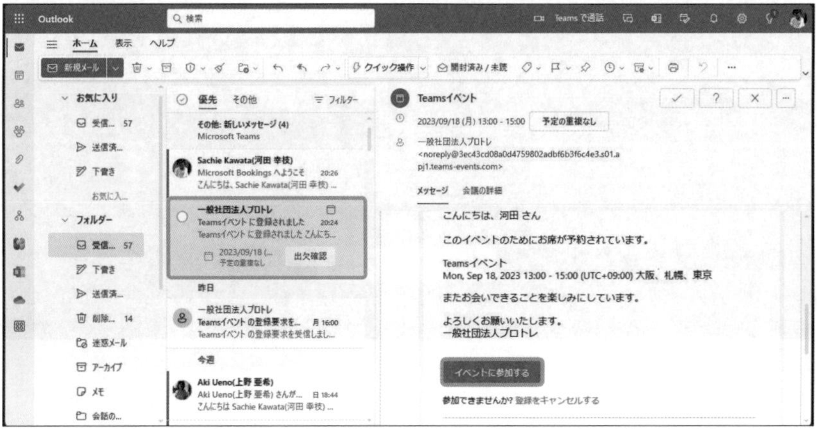

ブラウザーで閲覧する場合

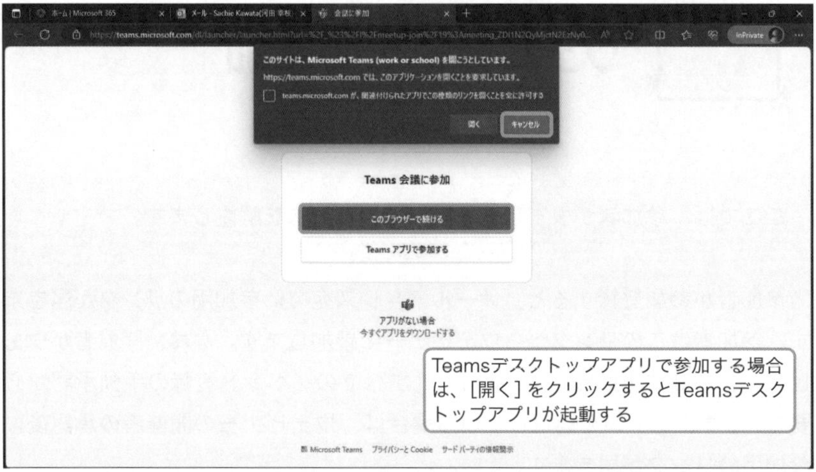
このサイトは、Microsoft Teams (work or school) を開こうとしています。
https://teams.microsoft.com では、このアプリケーションを開くことを要求しています。
開く
キャンセル
Teams 会議に参加
このブラウザーで続ける
Teams アプリで参加する
アプリがない場合
今すぐアプリをダウンロードする
Teamsデスクトップアプリで参加する場合は、[開く] をクリックするとTeamsデスクトップアプリが起動する
Microsoft Teams　プライバシーと Cookie　サードパーティの情報開示

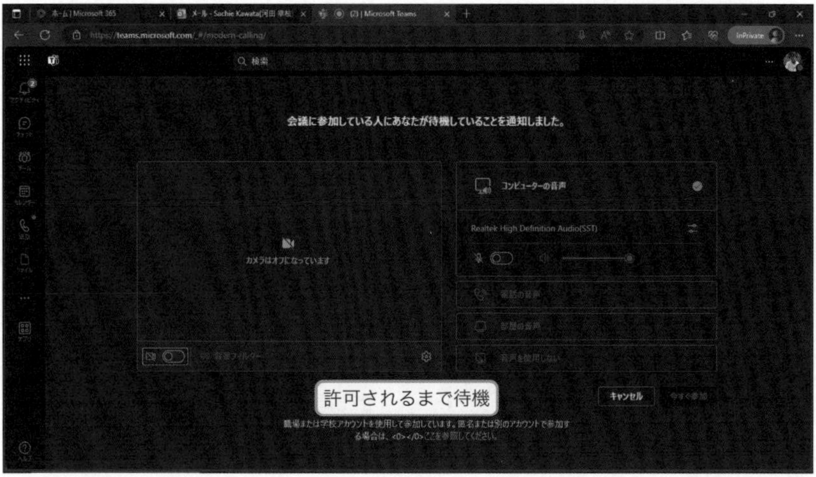
会議に参加している人にあなたが待機していることを通知しました。
コンピューターの音声
Realtek High Definition Audio(SST)
カメラはオフになっています
許可されるまで待機
キャンセル
今すぐ参加
職場または学校アカウントを使用して参加しています。匿名または別のアカウントで参加する場合は、<0></0>ここを参照してください。

ブラウザーから匿名参加する場合

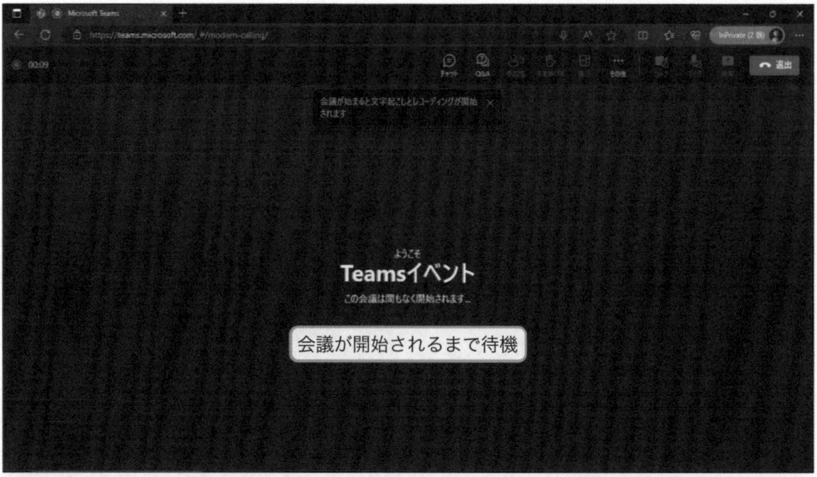
Microsoft Teams
退出
会議が始まると文字起こしとレコーディングが開始されます
ようこそ
Teamsイベント
この会議は間もなく開始されます...
会議が開始されるまで待機

Microsoft Teams
退出
カメラやマイクはオフになる
Teamsイベント

モバイルでの参加

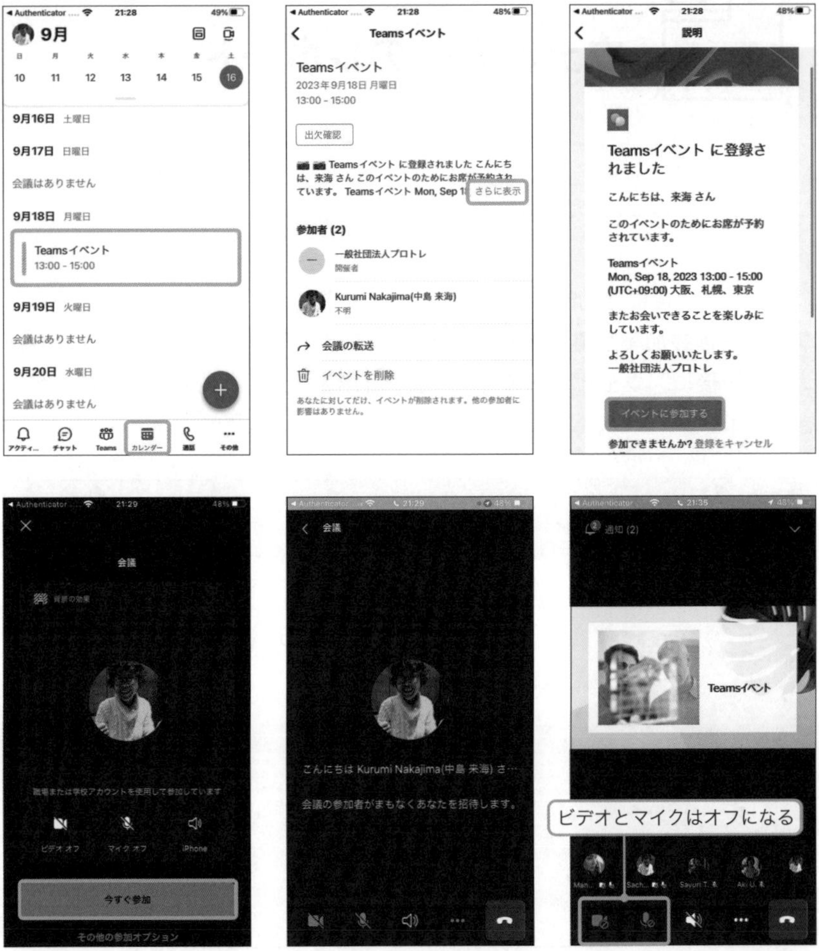

参加者は、モバイルからも参加できます。ウェビナーの種類が［公開］の場合には、組織外のユーザーは、ブラウザーから匿名参加することも可能です。

ウェビナー中は、既定では、マイクやカメラはオフとなりますので、視聴に集中することができます。

7-6 ウェビナーのレポート

ここでは、ウェビナーのレポートについて解説します。

ウェビナー後に自動的に作成されるレポートでは、ウェビナーに登録したユーザーの参加率や離脱率が一覧形式で表示されます。当レポートはセミナー終了後に、ウェビナーの詳細画面の［出席］タブから確認することができます。

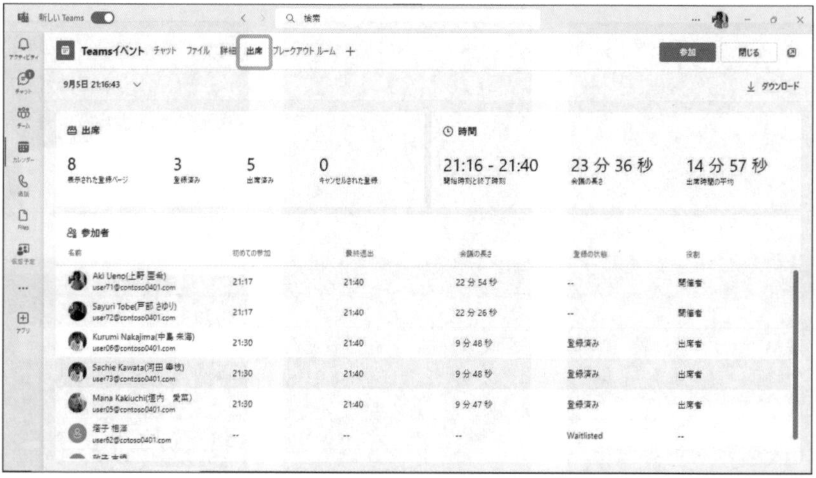

なお、Formsであらかじめウェビナーのアンケートを作成しておき、ウェビナー終了時に、参加者にQ＆Aやチャットなどで共有するといった使い方もできます。アンケート結果をウェビナーの評価や次回以降の計画に結びつけるのもよいでしょう。

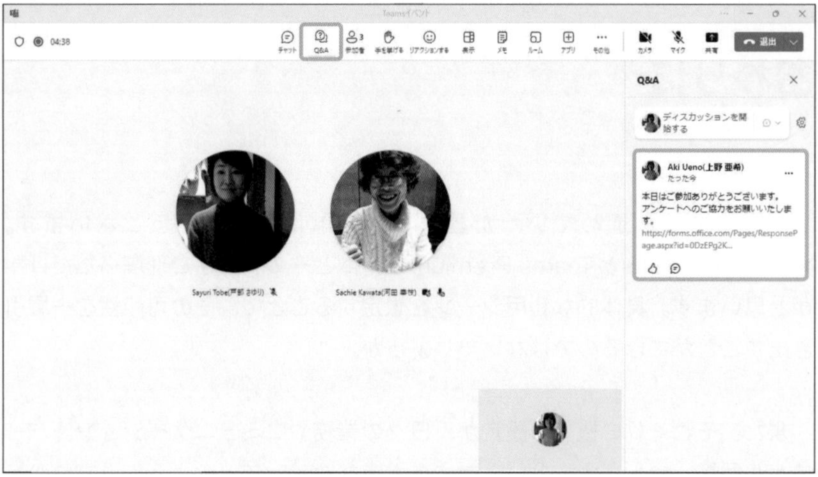
Teamsイベント
04:38
チャット
Q&A
参加者
手を挙げる
リアクションする
表示
メモ
ルーム
アプリ
その他
カメラ
マイク
共有
退出
Q&A
ディスカッションを開始する
Aki Ueno(上野 亜希)
たった今
本日はご参加ありがとうございます。アンケートへのご協力をお願いいたします。
https://forms.office.com/Pages/ResponsePage.aspx?id=0DzEPg2K...
Sayuri Tobe(戸部 さゆり)
Sachie Kawata

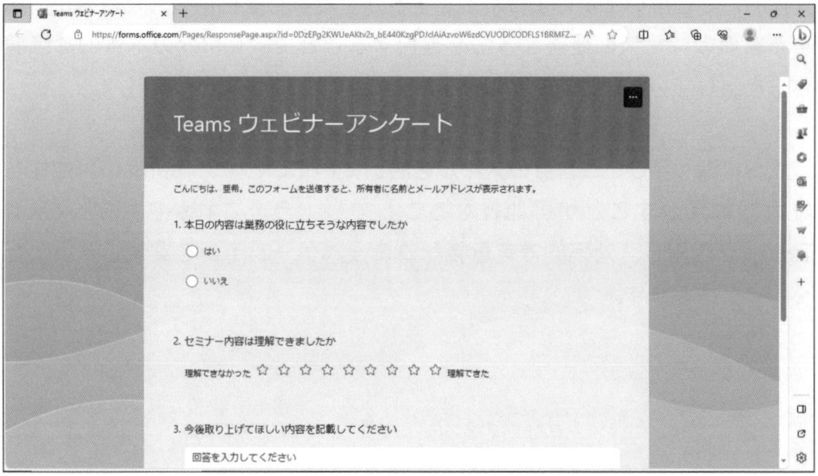
Teams ウェビナーアンケート
https://forms.office.com/Pages/ResponsePage.aspx?id=0DzEPg2KWUeAKtv2s_bE440KzgPDJdAiAzvoW6zdCVUODICODFLS1BRMFZ...
Teams ウェビナーアンケート
こんにちは、亜希。このフォームを送信すると、所有者に名前とメールアドレスが表示されます。
1. 本日の内容は業務の役に立ちそうな内容でしたか
はい
いいえ
2. セミナー内容は理解できましたか
理解できなかった
理解できた
3. 今後取り上げてほしい内容を記載してください
回答を入力してください

おわりに

ここまで読み進めていただきまして、誠にありがとうございます。Microsoft TeamsとTeams Premiumの特徴とその利点をご理解いただけたかと思います。具体的な利用シーンを想定することで、その可能性を一層引き出すことができるのではないでしょうか。

また、それぞれの機能や設定が、日々の業務やコミュニケーション、バーチャル面談、ウェビナーといったさまざまなシーンでどのように役立つかを具体的にご理解いただけましたでしょうか。これらを活用し、ご自身が所属する組織のニーズに最適な方法を選択することで、Teamsの本質的な価値を引き出していただけますと幸いです。

さらに深く学び、ご自身のスキルを磨いていくことで、Teamsの可能性を最大限に活かすことが可能となることでしょう。これからもMicrosoft Teamsを活用し、効率的で有意義なコミュニケーションを実現していただくことを望みます。

●著者紹介

一般社団法人プロトレ 理事　天野 貴之
マイクロソフト 認定トレーナー
Microsoft Teamsをはじめとした Microsoft 365の研修を担当

一般社団法人プロトレ ラーニングファシリテーター　清水 香里
マイクロソフト 認定トレーナー
Microsoft Teamsをはじめとした Microsoft 365の研修を担当

■本書についての最新情報、訂正、重要なお知らせについては下記Web ページを開き、書名もしくはISBNで検索してください。ISBN で検索する際は-（ハイフン）を抜いて入力してください。

https://bookplus.nikkei.com/catalog/

■本書に掲載した内容についてのお問い合わせは、下記Webページのお問い合わせフォームからお送りください。電話およびファクシミリによるご質問には一切応じておりません。なお、本書の範囲を超えるご質問にはお答えできませんので、あらかじめご了承ください。ご質問の内容によっては、回答に日数を要する場合があります。

https://nkbp.jp/booksQA

AIでさらに進化！ Teams Premium徹底活用術

2023年11月20日　初版第1刷発行

著者　一般社団法人プロトレ　天野 貴之／清水 香里
発行者　中川 ヒロミ
発行　株式会社日経BP
〒105-8308　東京都港区虎ノ門4-3-12
発売　株式会社日経BP マーケティング
〒105-8308　東京都港区虎ノ門4-3-12
装丁　松岡 青子（Club Advance）
制作　クニメディア株式会社
印刷　大日本印刷株式会社

ISBN978-4-296-08033-5　Printed in Japan